U0039020

莊子史論

莊萬壽 ?

莊學之新方向：源流・生態・批判・語言

莊萬壽 著

自序

《莊子》的特質與發展及其研究的新方向

《莊子》是西漢初所編的一套莊周與其弟子、和多元道家流派人物所寫於前三、四世紀的思想言論集。從《漢書・藝文志》以後，《莊子》作為諸子的道家，既側列於無為而治的《老子》之次，而面對廟堂之上的孔孟儒家，地位更是瞠乎其後。然而二千年以來，《莊子》風采不墜，足以與孔孟齊名，與老子爭席。尤其近世學界，《莊子》與時潮合流，大有後來居上之勢。

尋其所以然者，主因有二，

其一是就《莊子》文本的特質言，具有非華夏的東夷或荊楚的異文化，雄渾而開闊，幽深而浪漫，套〈天下篇〉形容《莊子》的用語來表達，有以下三端：

「**萬物畢羅**」的文獻性：《莊子》最早版本多達「十餘萬言」，漢魏六朝最多有 52 篇本，今本仍有 33 篇，尚餘六萬四千多字，保存了先秦豐富的哲理、古史、神話、傳說的重要文獻。

「**深閎而肆**」的思想性：《莊子》蘊藏著上古少見的本體論、知識論、和養生、處世、生死、性命的人生哲學，以及非儒非墨的政治思想之批判。因此，既成為後世政治思想之張本，亦開拓後世詮釋、演繹的空間。

「諔詭可觀」的文學性：〈天下〉篇稱莊子所謂「謬悠之說，荒唐之言，無端崖之辭」，奇特的字、詞、變幻的句法、草木鳥獸、古怪人物，橫成最富有學性的先秦散文。

其二，就後世《莊子》的詮釋與發展而言，有以下四端：

儒家化：兩漢獨尊儒術，孔子成為唯一的價值。司馬遷稱：「作漁父、盜跖、胠篋以詆訾孔子之徒。」顯然司馬遷對這三篇有所微詞。唐宋以降，喜愛莊書者，多以莊子攀附孔子。韓愈稱：「孔子之道大而博，∵子夏之學，其後有田子方，子方之後，流而為莊周。」莊周從此變成孔子門徒，直至現代的錢穆，仍深信不疑。而蘇軾乃以為莊之批孔，是「陽擠而陰助之」，事實上莊子是「助孔子者」。而真正詆訾孔子的文章，並不是莊周的作品。這種論調至今，依然是支配著內外篇辨偽的基礎，而莊書或莊周，基本上已經是儒化的書籍與人物。

官學化：莊子儲存充沛的學術能源，他既助長了魏晉玄學、佛經格義，又滲透了宋明理學，長時間已染有一些非主流官學的色彩。同時反溯莊書的文本，又可以產生佛、道、釋三教的詮釋。不論怎樣的信仰，皆可從莊書中吸吮他們所需要的養料。唐初尊道家，莊書稱為南華經，莊周稱為南華真人，成玄英作《莊子疏》，北宋差官考試亦要考《莊子》。而且，歷代儒者之批佛老重，批莊則輕，因此《莊子》在官僚結構的特殊地位具有官學化的性格。

名士化：從司馬遷以下，經魏晉的阮籍、嵇康、向秀、郭象∵幾乎歷代王朝的能文之士、騷人墨客，無不喜愛《莊子》，唐之韓愈、柳宗元，宋之蘇軾、王安石，以至於明、清

著名的漢學者，多有《莊子》的論述，連曹雪芹筆下的妙玉都說：「文章是莊子」。而近代中國章太炎、馬敍倫、聞一多、蔣錫昌等亦都有《莊子》的專著。更多名士學者的參與解莊，使《莊子》書與莊周其人亦隨之名士化。

藝術化：《莊子》文本的美文，早在戰國末年就被引用，宋玉的〈對楚王問〉「鳳皇上擊九千里，絕雲霓，負蒼天。」而莊文的句法、形式，亦成爲韓、柳，特別是蘇東坡文的「如行雲流水」的典範。而其後，亦成爲美術、書法、藝能、禪藝的藝術精神。

綜觀上述各端，《莊子》其人其書之所以建構的價值。很大的因素是附麗於儒家孔子之權威傳統之上。因此如何擺脫這些的束縛，回歸以《莊子》本文爲主體的思想史研究，包括被歪曲的批孔諸篇，以及與文本相關的當代時潮、現象。反而是當今莊子研究的新命題新方向。

九十年代解嚴後，我嘗試了這樣的新方向，先後所撰寫的，《莊子》專論十篇，彙集成書，前四篇爲莊學史。首篇〈莊子探源——虞人與莊子〉，探討莊子虞人的官職，係保育、教養山林鳥獸的工作，與莊子原始思想有相承關係，是一篇原創性的論文。其次〈莊子書中的孔子〉全面分析孔子在莊書中所扮演的角色，以呈現莊子與孔子不同的思想基礎。再次爲〈莊子與騶衍〉，莊子與陰陽家關係素乏研究者，本文乃重新鈎沈探玄，以尋回莊書中被黃老或其他學派所掩遮的騶衍學派的原型。〈莊子的方伎及其與史記關係之新探〉探討莊書「眞人」「大人」與秦皇漢武的關聯。並發現《史記·日者列傳》部分抄自〈盜跖〉。這四篇都是以《莊子》爲獨立主體，探討莊學縱貫、

橫貫延伸的歷史眞象。

〈莊子盜論〉是以過去被卑視的〈胠篋〉〈盜跖〉篇的思想，對統治結構中的權力、知識、道德提出嚴厲批判。

〈莊子與自然生態〉是系統性的從《莊子》全書，歸納從生態理論到實踐的第一篇莊子自然生態的原創性論文。首先發表於德國慕尼黑，頗受國際的驚異。〈種有幾章的新解〉是以科學知識的基礎，以詳考「種有幾」章生態循環、萬物爲一的思想，訂正了若干傳統注釋的錯誤。〈莊子語言符號之解析〉歸納莊子的認識主客體之不可知性、概念的歧義是語言的開始等命題，以說明《莊子》的語言符號的思想，是借用語言符號來否定語言符號的社會功能。

最後附有兩篇專論：一是〈老莊思想的現代意義〉，是在政大企管中心向企業界演說的文字。一是〈台灣‧我‧莊子‧漢學〉是陳述在苦悶苦難的時代中，我如何學習莊子，如何自我成長的歷程。

《莊子史論》的出版，是個人漢學研究的新里程，從「去儒敎化」「去華夏化」以探尋《莊子》的多元論叢之本色，和主體發展的本眞，來呈現其東亞哲學的人本精神之意義，這或許是對個人比較艱難的期望。面對二十一世紀的到來，台灣漢學的研究是否也該有改弦易轍的省思？

本書是繼《道家史論》之後的姊妹篇，該書若干專論與本書論文關係密切，相互發明。接著將出版《史論通論》這是我治思想史，同時又跨到中古史學所留下的一絲心血。研究莊子與史通，就是要學習批判，這也是本《史論》的精神。

2000 年 7 月 4 日凌晨

目　錄

莊學起源論

虞人與莊子

前　言

1 968年初，我開始寫《莊子》的論文，認為莊周或許就是漆
園的虞人①，其後並沒再注意這個問題。幾年前讀楊寬新
改寫的《戰國史》在〈農業生產的發展〉一章中說：「莊周嘗為蒙
漆園吏，……漆園吏，當即管理漆園的官吏②。」這個官吏，
也就是我所說的虞人。由於對古史的廣泛興趣，發現古史中有
許多道家源流的資料，前年我寫《道家起源新探》追溯道家起於
殷商遺民之史官，寫完《莊子與自然生態》一文後，強調莊子之
所以熱愛草木鳥獸，與他是虞人，有職業上的關係③。

　　《左傳》出現有被《漢志》列為道家的辛甲所傳的《虞人之
箴》，辛甲也是殷商史官，告誡帝王不要過分獵殺野生動物。
而虞人這個來個保育、教養山林鳥獸的官職，更可上溯到《尚
書‧虞夏書》。舜命益為虞人，而舜亦稱虞舜，則舜亦可能與
虞人有關。當然，道家源頭不可能早到堯舜時代，但莊子愛護
自然與鳥獸的思想與古代虞人顯然有關，本文便從《尚書》開始
論起，再從經傳古史、甲、金文扼要的探討虞人與道家及莊子
思想的關係。

一、《尚書》的虞人

《虞夏書・堯典》在後面部分（即《舜典》）說：

> 「帝曰：『疇若予上下草木鳥獸？』僉曰：『益哉！』帝
> 曰：『俞咨！益，汝作朕虞。』益拜稽首，讓于朱虎熊羆。
> 帝曰：『俞，往哉！汝諧。』」

譯成白話是：

> 「帝舜說：『誰能替我掌管山木川澤及草木鳥獸？』大
> 家說：『讓益吧！』帝說：『好，讓益作我的虞人。』益叩頭
> 拜謝，要讓給朱、虎、熊、羆④等人，帝說：『你們去協
> 調吧！』」

舜給益當虞人，而他自己也叫虞舜，則我們先探索「虞」
這個字的本義：

> 《說文》：「虞，騶虞也，白虎黑文，尾長于身，仁獸
> 也，食自死之肉，从虍吳聲，詩曰：『于嗟乎騶虞。』」

依《說文》，則虞是一種虎形而白底黑條紋的動物，也叫騶
虞。《山海經》的〈海內北經〉叫騶吾，說：「林氏國有珍獸，大
若虎。五彩畢其，尾長于身，名曰騶吾，乘之日行千里⑤。」

《史記・東方朔傳》作騶牙。吾、牙，皆爲虞的同音假借字。騶虞，充滿神話色彩的神獸。所以《淮南子・道應訓》稱「散宜生乃以千金求天下之珍怪，得騶虞，……以獻于紂。」若以「尾長于身」言，與貂、鼬、水獺一類的動物，比較近似。

二、《詩經》的騶虞

虞既是神獸，但《說文》所引的《詩》句，乃是《國風・召南》的〈騶虞〉：

> 「彼茁者葭，壹發五豝，于嗟乎騶虞！
> 彼茁者蓬，壹發五豵，于嗟乎騶虞！」

這首詩是國君田獵，在茁壯的蘆葦、蓬草中，射到了許多母野豬和小野豬，當時虞人接待他打獵，而稱讚說：「好呀！騶虞！」

騶虞，《毛傳》稱「義獸」，仍作本義解，但《三家詩》，則作官名，《周禮・春官・鍾師》賈公彥疏引《五經異義》稱：「今詩《韓、魯》說：騶虞，天子掌鳥獸官。」賈誼《新書》：「《魯詩》：騶者，天子之囿也；虞者，囿之司獸者也。」

其實騶虞是先獸名，後官名的，既是有許多能力和仁德的神獸，那麼取以作爲官名也是當然的。像蒼兕，是水中九頭的怪牛，能翻覆舟船⑥，那麼便以掌船的水官叫蒼兕⑦，鮫爲水中大魚，那麼掌理水澤及水產的官便叫舟鮫⑧，同理騶虞也一樣作爲官名。《商君書・禁使》：「今夫騶虞以相監……若使馬

焉能言，則騶虞無所逃其惡矣⑨。」這裡的騶虞，是管馬的人，虞人掌理各種禽獸，馬也在內，可見《詩經》的「騶虞」是當「虞人」解釋的。

〈騶虞〉屬〈召南〉，與〈周南〉皆為南國之詩，其地河南南陽一帶⑩，為周宣王卿士仲山甫（《國語・周語》稱為樊穆仲）的封地，可能是東夷人的住地，而被成周（洛陽）的周人所監視，仲山甫是殷商遺民樊氏工匠家族的一支，則其詩的流傳，或可能與東夷民族有些關聯⑪。

三、南人與騶虞

還有〈騶虞〉一詩的創作時代，也值得注意。《墨子・三辯》：

> 「昔者堯舜有茅茨者，且以為禮，且以為樂。湯放桀，……又自作樂，命曰護，又修九招，武王勝殷，殺紂，環天下自立以為王，事成功立，無大後患，因先王之樂，又自作樂，命曰象。周成王因先王之樂，又自作樂，命曰《騶虞》。……」

墨子的主旨在非樂，認為「樂愈繁者，其治愈寡」。而後出的《呂氏春秋・古樂篇》襲用了《墨子・三辯》列述歷代先王的古樂資料，說：

> 「帝堯立，乃命質為樂，質乃效山林谿谷之音以歌，

……瞽叟乃拌五弦之瑟，作以為十五弦之瑟。……舜立，仰延乃拌瞽叟之所為瑟，益之八弦，以為二十三弦之瑟。……殷湯即位，……湯于是率六州以討桀罪。……武王即位；……伐殷……以銳兵克之于牧野，……乃命周公為作大武。成王立，殷民反，王命周公踐伐之。商（南）人服象，為虐于東夷，周公遂以師逐之，至于江南，乃為三象，以嘉其德。」

《呂覽》文字不得不全段引用，從殷湯至周成王止所新作之音樂，與慶賀征服者勝利有關。把〈三嶧〉與〈古樂〉相較，則成王作〈騶虞〉之詩，與討伐殷人有關。「商人服象」之「商」，宜作「南」字，南人即二南之南，陳奇猷亦主作南人，但因「服象」之故，以為在海南交阯⑫，則欠當。因為在殷商時，中國北方天氣較暖和，當時確實有大象、犀牛即甲骨文的「象」「兕」兩字⑬。大概南人響應殷武庚及淮夷抗拒姬周的鎮壓，他們用大象作為戰爭的工具，周人認為南人為害於東夷的地區，把反抗者驅逐於江南，但絕不可能與海南交阯有關。三象已不可考。但若把〈騶虞〉一詩放在這個時空內，則是不是姬周在掃蕩東夷民族（殷商為其中一支）後，其統治者在其所控制的南國打獵行樂之詩呢？

四、舜與虞人

果然，騶虞這個官職與東夷人大有關係。舜，就是東夷人的姚姓氏族，為嬀的祖先（《史記・陳世家》稱舜曾居嬀汭，其

後人，遂以嬀爲姓氏），與春秋苦縣（屬陳國，嬀姓）的老
聃，或許有種族的關係。《史記·五帝本紀》稱「虞舜者」，三
家注都把「虞」注爲國名或地名，乃是舜的封地。

袁珂以爲「虞非地名，乃虞人之虞。亦易屯『即鹿無虞，
惟入于林中』之虞，所謂掌山澤苑囿之官是也。朱芳圃《甲骨學
文字編》：『……葉玉森云：……古之虞人乃掌田獵之官，獵時
或被虎首以攝羣獸。……』虞舜之虞，涵義本當如此，以爲封
地者非⑭。」這種說法有可能，雖然難有十足的證據，但可再
舉堯言之，堯舜又稱唐虞（《論語·秦伯》、《史記·汲黯
傳》），或陶唐，與有虞並稱（《史記·五帝本紀》），而陶唐
就是作陶器的氏族。舜縱使不是虞人，也是出自一個很喜愛禽
獸與自然的東夷系的氏族，他善於用音樂與鳥獸溝通。絲竹樂
器是東夷人發明的，《世本·作篇》稱「舜作簫。」傳說中著名
的《韶樂》，便是他所作的，而又命人創作二十三弦的瑟。《尚
書·皋陶謨》記舜的祭典上：

「夔曰：『戛擊鳴球，搏拊、琴瑟、以詠。』祖考來
格，虞賓在位，羣后德讓。下管鼗鼓，合止柷敔，笙鏞以
間，鳥獸蹌蹌；簫韶九成，鳳凰來儀。夔曰：『於！予擊
石拊石，百獸率舞，庶尹允諧。』」

夔爲舜的典樂，敲打各種樂器，最後鳥獸、鳳凰聞聲而起
舞。《山海經·大荒南經》說舜死後，與兒子葬於赤水水之東，
蒼梧之野，各類珍奇的飛禽走獸如文貝（花斑貝）、離俞
（鳥）、鷹賈、委維（蛇）、熊、羆、象、虎、豹……都守在

蒼梧的九疑山。

此外，舜還有農神與自然神的性格，《孟子》說：「舜發于畎畝之中。」（《告子》下）農神能夠庇佑自然大地、及莊稼禽獸。《禮記・郊特牲》：「蜡之祭也，主先嗇，而祭司嗇也，祭百種以報嗇也。饗農及郵表畷，禽獸，仁之至、義之盡也……。」

五、《山海經》的舜與莊書的真人

舜與堯是最為儒家所標榜的人物，孟子道性善，言必稱堯舜，然而我發現舜和《莊子》書有不尋常的關係，一是古籍所記的舜及子孫的行為與思想，在《莊子》書中時時可以找到相似的文句。二是《莊子》書對舜遠比堯具有好感。

《山海經・大荒南經》記舜的兒子無淫，被貶謫到裁，他的子孫，建立了裁民國。其社會是：

> 「食穀，不績不經，服也；不稼不穡，食也。爰有歌舞之鳥，鸞鳥自歌，鳳鳥自舞。爰有百獸，相羣爰處，百穀所聚。」

降貶的地方反而好，那麼這裁民國就是《莊子》的「藐姑射之山」，是帝堯仁政統治所及以外的地方。那地方住有神人，就是裁民。《莊子・逍遙遊》說：

> 「藐姑射之山，有神人居焉，……不食五穀，吸風飲

露。……其神凝，使物不疵癘而年穀熟。」

最後堯拋棄了他所統治的安和樂利的國家，嚮往了姑射之山的社會。那麼無淫的原居住的社會，大概就是堯的這個偉人所統治的世界了。

我們再看《莊子·馬蹄》「鳥獸成羣」的「至德之世」：

> 「當是時也。……萬物羣生，連屬其鄉，禽獸成羣，草木遂長。是故禽獸可係羈而遊，鳥鵲之巢可攀援而闚。」

這就是《莊子》的我民國了，也是舜與莊周共同喜愛自然鳥獸的虞人性格。

其次，舜是一個對大自然的災害無所畏懼的聖人。據《尚書·堯典》說，堯爲考驗舜堅忍的能力，把他放在森林中受雷雨的打擊，結果是「烈風雷雨弗迷」，安然而無恙。孟子說他：「舜之居深山之中，與木石居，與鹿豕遊，其所以異於深山之野人者，幾希！」（〈盡心〉上）據說舜還是個大孝子。其父瞽叟用火燒不死他，用井水淹不死他，終於成爲聖人。（《史記·五帝本紀》）

《莊子》視大自然爲生命的主體，稱之爲至人或眞人。〈齊物論〉：

> 「至人，神矣！大澤焚而不能熱，河漢沍而不能寒，疾雷破上而不能傷，飄風振海而不能驚。」（據王叔岷依

《淮南子・精神訓》）

〈大宗師〉也說：

「真人……登高不慄，入水不濡，入火不熱。」

　　這不就是指舜嗎？舜，正是《莊子》的至人、神人。莊子書有些篇章作者給舜相當高的評價。如〈田子方〉說：「有虞氏死生不入于心，故足以動人。」可見，舜有一些道家的性格，這大概就是《論語・衛靈公》中孔子稱舜爲「無爲而治」的原因吧！

六、莊書中的虞舜

　　《莊子》書中不少把舜與堯一樣視爲傳統儒家式的帝王，很嚴厲加以批判：如「大亂之本，必生于堯舜之間。」（〈庚桑楚〉）。然不少地方對舜的評述，相當保留，甚至加以肯定。〈齊物論〉寫堯爲攻打宗、膾、胥敖三個小國家而不放心，舜反對堯，說：「三小國像小草一樣，你還不放下心嗎？」舜在此當然與史實可能不同，《尙書・堯典》稱他在代天子位時，「流共工于幽洲，放驩兜于崇山，竄三苗于三危，殛鯀于羽山。」然而爲何把舜改造爲《莊子》作者的立場，而加以肯定呢？反而認爲流共工之事爲堯所爲（〈在宥〉）。這不是反諷，茲扼要的舉例說明。

　　心齋是莊子認識論與人生修養的一個最高境界，他說這是

「禹、舜之所紐也，伏戲、几蘧之所行終。」（〈人間世〉），
是肯定四人爲心齋的標準。

〈天運篇〉中，舜向堯問：「你用心何如？」堯只說對無告
者、窮人、死者、婦孺的體恤的老套。而舜則說：「天德而出
（一說「土」）寧，日月照而四時行……」比堯懂得自然之
道，難怪堯甘拜下風說：「你是天之合，我是人之合。」

以上可見《莊子》書是比較善意的來對待虞舜，其中緣故很
難了解，我只能推測是同是東夷文化與虞人職務之故吧！但是
舜是古史帝王譜系中不可或缺的一環，如《史記・五帝本紀》的
帝王繼承合法的系統，使東夷系的舜，與華夏系的堯，分離不
開而成爲傳統儒家官方統治文化的守護神。

七、益與虞人

接下來談到被舜派爲虞人的益，也是一個道地知鳥獸的專
家，又稱伯益、伯翳。爲同於東夷系的燕（玄鳥）圖騰，由於
他是虞人，既可以調馴鳥獸（《史記・秦本紀》），甚至可以了
解鳥語（《後漢書・蔡邕傳》）。但爲幫禹治水，也用火燒山
林，以驅趕鳥。他是從舜到〈虞箴〉之間的重要人物。

八、甲金文的虞人

在考古實物資料上，甲骨文疑有「虞」字。

（《殷虛書契前編肆》，29頁）商承祚《殷虛文字》以古
文从虍之字，多省虎，而疑爲「虞」字。

（明子宜《殷虛卜辭》，2003 頁）葉玉森《鐵雲藏龜拾遺》疑為「虞」字，以為是「古之虞人，乃掌田獵之官⑮。」

這兩字，近時甲文字書未見收入，是否為「虞」字，尚不足信。

虞人見於金文，最早有西周恭王九年〈衛鼎〉的虞喜⑯，是公元前 913 年有名為喜的虞人。其次是厲王時代著名〈散氏盤〉，即〈大人盤〉，記「豆人虞ㄅ」「原人虞ㄎ」，即豆氏族的虞人ㄅ，原氏族的虞人ㄎ⑰。

西周掌理山澤禽獸的虞人之設置可見已十分普遍，則商周間所傳頌的〈虞人之箴〉可信度很高。

九、《虞人之箴》與道家

《左傳》襄公四年（公元前 569 年），諸戎部族同盟領袖無終國君嘉父派臣子孟樂，送虎豹皮，透過晉臣魏絳向晉悼公求和，魏絳主和，以后羿貪獵，不用賢者而亡國為鑑，勸悼公不可貪小失大，最後還引到周初史官辛甲所傳的〈虞人之箴〉：

> 「芒芒禹迹，畫為九州，經啟九道。民有寢廟，獸有茂草，各有攸處，德用不擾。在辛夷羿，冒于原獸，忘其國恤，而思其麀牡，武不可重，用不恢于夏家，獸臣司原，敢告僕夫（僕夫，猶言帝王之左右）。」

這是夏代虞人以后羿貪獵野獸而亡國的教訓，以告誡帝王君主不可沈溺於打獵的歌謠，作者稱東夷的后羿為帝，肯定他

在夏朝的合法性，則作者是以東夷人的立場來論斷。但就文字
形式看，自不免爲周人的傳寫或改寫。其中特別說到禹時，人
民與野獸各有各生活空間，人民有房屋，野獸有豐茂的草木，
彼此不相干擾，這是符合虞人職守及後來道家的思想。而傳聞
這首〈虞人之箴〉的作者正是史官辛甲，他是殷商遺民，是我認
爲道家起源於殷商東夷氏族史官的重要人物。據《史記‧周本
紀‧集解》引劉向《別錄》說：

> 「辛甲，故殷之臣，事紂，蓋七十五諫，而不聽。去
> 至周。召公與語，賢之，告文王，文王親自迎之，以為公
> 卿，封長子。」

這與同時代的史官向摯、微史一樣⑱，在臣服周人後，子
孫繼爲史官。但辛甲是《漢書‧藝文志》明載的道家人物。

> 「《辛甲》二十九篇。」

辛甲爲《漢志》道家的先驅，正是《漢志》所稱道家「蓋出於
史官」的明證。他與虞人有什麼關係，不得而知，但卻同是反
對濫殺野生動物。

《左傳》還有一則虞人的史料。魯昭公二十年，齊景公到沛
澤（依杜預注，一說沛丘）打獵，以弓召喚此地的虞人來見，
虞人王至，景公叫人把他抓起來，他說：以前國君都是以皮帽
子召見虞人的，所以他不敢來。景公這才釋放他。孔子爲此事
而稱道說：「守道不如守官。」孔子是以守禮法的觀點來評斷

的⑲，齊景公以生活淫靡，沈湎田獵聞名⑳，如果以〈虞人之箴〉來推測，這個沛澤的虞人，是否因反對景公田獵而故意不來呢？是否反對接受弓而不來呢？

十、莊子與虞人

依《左傳》可知虞人的工作是保護山林及其中的鳥獸，《莊子‧山木篇》記載莊子遊於雕陵之樊，這是有虞人管理的山林，其中有栗子樹，樹上有異鵲，莊子看到了螳螂捕蟬，異鵲在後的一幕，猛然醒悟，扔棄彈弓。但虞人以為他要偷栗、打鳥而「逐而誶之」，就是邊追邊罵，莊子終被趕了出來。

虞人保育山林資源，主要還是要讓帝王、諸侯、大夫或平民在一定的季節中定次定量的打獵或伐木。《禮記‧王制》：

> 「天子、諸侯，無事，則歲三田。……天子不合圍，諸侯不掩群。天子殺則下大綏，諸侯殺則下小綏。……獺祭魚，然後虞人入澤梁㉑。」

虞人開始進入水澤與池塘工作的時間正值「獺祭魚」之時，當嚴冬剛去，水獺在溶冰的水邊把咬到的魚一條條擺著㉒。在大地解凍生物甦醒的時刻，虞人便回到水邊的崗位。《大戴‧夏小正》十二月「虞人入梁。虞人，官也；梁，主設罟罟者。」大概在水澤一直待到夏末，天氣變涼，他們又轉到山區。《禮記‧月令》季夏之月：

「是月也，樹木方盛，乃命虞人入山行木，毋肖斬伐。」

進入山林，就是要巡視，不許有人盜林。

莊子也是虞人，那麼在夏秋之交「大木枝葉盛茂」之時，行於山中（〈山木篇〉）；在春夏之間，「遊於濠梁之上」（〈秋水〉）也不是偶然的，只是故事可能是杜撰的寓言而已。

十一、《周禮》之虞人

虞人在《周禮》主要至少包括山虞、林衡、川衡、澤虞、迹人五個官職。《周禮》是戰國末學者所編的一本國家組織大法，其官名及職務，並非都是眞實，但相當反映當時在政治與社會結構中的一些職務與行業的內容與理想。因此，先秦的虞人，可以透過《周禮》去了解比較有系統的觀念。《周禮·地官》：

「山虞，掌山林之政令。」

山虞主要是管理計劃性的伐木，如仲冬伐山南之木。仲夏伐山北之木。車箱、耒移用的木材，只能砍較小的木材。春秋兩季不可伐木，並對盜林者刑罰。

「林衡，掌巡林麓之禁令。」

林衡是巡視林區，公平執行取締違反山林的禁令，即用以

來推行山虞的命令。

> 「川衡，巡川澤之禁令。」

川衡是巡視湖泊河川，預防資源被盜取，是執行澤虞的命令。

> 「澤虞，掌國澤之政令。」

澤虞是總管水澤的資源，並適度開發，使官府有所收入。

> 「迹人，掌邦田之地政。」

迹人是保育大地生態的，嚴禁取鳥卵、用毒箭射殺禽獸。

五者之外，還包括〈夏官〉的服不氏，是教養猛獸的。掌畜，是掌教養飛鳥的。也包括圉師、圉人等教養馬匹的。其他再次要的官職就不再列舉了。

但必須說明的是山林禽獸的保育與教養，目的是要保證不竭以供應統治者、貴族的消耗。只是其工作的精神是更要重視保育和教養，以保障統治者的需要。那麼保育與教養之事，確實對自然生態有莫大的貢獻，虞人莊周的思想正是從這裡表現出來，可惜中國經典的理論，無法防止統治者對大自然的破壞，幾千年下來，黃河、淮水流域幾乎已沒有森林與野生動物了。莊子對許多自然被摧殘的預言，皆不幸而言中了㉓。

註　釋

①《莊子學述》第一節姓名鄉里考，師大國文研究所集刊第 14 期。

②楊寬，《戰國史》，1979 年增訂本，台北谷風出版社，65 頁。

③《道家起源新探》，台灣《師大國文學報》第 17 期，1988 年。《莊子與自然生態》，師大《中國學術年刊》12 期，1991 年。

④《尚書》孔傳、鄭注皆以爲朱虎、熊羆爲兩人。清梁玉繩《漢書古今人表考》以爲四人：「虎爲伯虎、熊爲仲熊，江東語豹爲朱，是朱爲叔豹，則羆爲季貍。」

⑤依袁珂《山海經校譯》本，233 頁。

⑥《史記·齊太公世家》。

⑦《尚書·泰誓》及《史記·齊世家·索隱》。

⑧《左傳》昭公二十年。按舟鮫，類似《周禮·地官》的澤虞，而管理船隻的官，叫舟虞，見《國語·魯語》下，及《呂氏春秋·上農》。

⑨依高亨《商君書注譯》本，176 頁。

⑩陳紹棠《二南引論》，江磯編入《詩經學論叢》，台灣崧高書社。

⑪見拙作《道家起源新探》，第八章：〈道家與北方的寬柔思想〉。

⑫《漢書·司馬相如傳·上林賦》：「韶、武、象之樂。」顏注：「張揖曰：『象，周公樂也，南人服象，爲虐于夷，成王命周公以追之，至于海南、西爲三象樂也。』」宋翔鳳以爲「商人」乃「南人」之誤。見陳奇猷，《呂氏春秋校釋》，308 頁。

⑬依古生物學家楊鍾健研究的報告〈安陽殷墟之哺乳動物羣〉，見陳夢家《卜辭綜述》，555 頁。

⑭《中國神話傳說詞典》，「虞舜」條，405 頁。

⑮朱芳圃，《甲骨學文字編》，文五，6 頁，台灣商務。

⑯《陝西出土商周青銅器》，174 頁。

⑰《㦬齋集古錄》16 冊，4 頁。以上引自吳鎮烽，《金文人名匯編》。

⑱向摯原爲殷內史，見《呂氏春秋·先識篇》。微史，乃是 1976 年陝西扶風出土西周銅器（史牆盤）中所記的人物，世代爲殷、周史官。

⑲以儒家的觀點來看，又見於《孟子·滕文公下》。

⑳事見《管子》諫上、雜上。《史記·齊世家》等。

㉑「天下不合圍」以下文字，或以爲是注文混正文。

㉒「獺祭魚」，《禮記·月令》在孟冬之月。

㉓參見拙作〈莊子與自然生態〉七章，「自然生態的維護與弱勢文化的重建」。《中國學術年刊》，12 期。

（1991 年 5 月 3 日凌晨）

（國立台灣大學國文學報，20 期）

《莊子》書中的孔子

前　言

先秦諸子之相互攻訐批判，正是當時多元思想爭鳴齊放的特色。漢武帝罷黜百家，獨尊儒術後，先秦遺籍中之批孔儒者成為邪說；而孟子之觝管仲、距楊墨，則視為當然。《莊子》書中充滿揶揄、攻擊孔儒的文字，《史記》稱「莊子……作〈漁父〉、〈盜跖〉、〈胠篋〉以詆訾孔子之徒，以明老子之術。畏累虛……皆空語無事實①。」司馬遷顯然對莊書〈漁父〉等三篇的批孔儒有所微辭，從此這幾篇文字，成了後世讀《莊子》者爭議的焦點。

孔儒固然是統治者之顯學，但《莊子》思想及文辭畢竟相當吸引人，可是讀《莊子》者卻受制於「尊孔」的情結，不敢面對莊書中批孔的篇章；像蘇軾就試圖為莊子之批孔「脫罪」，以為「陽擠而陰助之」。指〈天下篇〉所論不及孔子，乃是「尊之至矣」。而〈盜跖〉、〈漁父〉、〈說劍〉皆淺陋不入道，不是莊周所作②。而宋代治《莊》成績最好的林希逸，稱莊子者其書雖不經，實天下所不可無者。他認為讀《莊》有五難，二難是「其意欲與吾夫子（孔子）爭衡，故其言多過當③。」他們一廂情願

的認為莊周不會批孔，甚至還暗中助孔，劃分與批孔的篇章的界線，來作為喜愛莊子的護身符。

其後有的學者不以為然，晁公武反對東坡之說，認為莊子既是宗老，哪會有陰助孔子之理？這何異「開門揖盜」④，明宋濂也說：「孔子百代之標準，周何人，敢掊擊之，又從而狎侮之⑤。」王夫之罵的更凶：「〈漁父〉、〈盜跖〉，則妒妒嘗市廛犬狂吠之惡聲，……乃小夫下士，偏喜其鄙猥而嗜之，腐鼠之嚇，不亦宜乎。」不過王氏以為「內篇雖輕堯、舜，抑孔子，而格外相求，不黨邪以醜正；外篇則忿戾詛，徒為輕薄以快其喙鳴⑥。」乃是以內篇為莊子手筆較為精純使然，而莊周其人為孔子之後學⑦，對孔子是客氣的、重的。以這樣的一個邏輯，便認為外雜篇中批判性較強烈的都是低劣的，非莊子言。由此王氏之見，實亦不能脫離前人之窠臼。

以上在不可褻瀆的尊孔情懷支配下，不可能客觀的顯露道家學者眼中的孔子面目。先秦諸派的思想家，在言論上是沒什麼禁忌的，更何況當時的孔子尚未成為御用之神哩。因此內篇是否為莊周所作，與莊周批不批孔是兩回事。現在既要探討莊書中道家學者所見的孔子，就必須消除古人的懼孔症，打破內外雜的價值差異。《莊子》書的任何一篇誰也不能保證是莊周的本真，我們認為莊書是戰國末至秦漢間，以莊周為首的多元道家思想的總集。

一、《莊子》書中的孔子

在今本《莊子》33篇中引到孔子的有21篇，約四十五章，

有孔子、仲尼等名字的約二百個之譜。其中大多以寓言形式出現，雖然無關乎史事，但從全書整體的分析與歸納，亦足以看出道家是如何看孔子的，茲分三類來敍述：

(一)被批判與嘲笑的對象

(一)不知「道」

〈齊物論〉：「瞿鵲子問長梧子」章的主題是講「聖人愚笨，參萬歲而一成純，萬物盡然，而以是相蘊。」孔子顯然不是聖人，而且也不識聖人，瞿鵲子固然境界比孔子高，但亦是皮相之論，他以爲孔子是孟浪之言，但自己依然不知「無謂有謂，有謂無謂」的「妙道」是弔詭。孔子是春秋的名人，儒家的代表，作者很自然的把他拖下來。「丘也何足以知之。」「丘與女皆夢也」，聖人愚鈍而超越愚鈍，而愚者卻自以爲覺，自以爲知，愚者包括了孔子與瞿鵲子。「君乎，牧乎」正是儒者明上下貴賤之義，此章貶孔甚明。

又孔子學於老聃一事⑧，是《莊子》書所津津樂道者。「孔子行年五十有一而不聞道」章⑨，孔子自稱求之於度數⑩，求之於陰陽，仍未得道。老子告訴他：道不可「告人」不可「與人」。又孔子自歎：「人之難說也！道之難明矣」⑪，老聃敎他：「時不可止，道不可壅。苟得于道，無自而不可；失焉者，無自而可。」孔子又問：「今日晏閒，敢問至道⑫？」老聃告訴他：「道不可聞，聞不若塞。此之謂大得。」因此孔子是不知「道」未得「道」的人，老聃批評他不知「以死生爲一條，以可不可爲一貫」，以道家來看，孔子對生命價值的執

著，道家當然認爲無可救藥。「天刑之，要可解。」是自然對他們的桎梏刑罰，是不可解脫的⑬。

(二)不知避世得眞

在《論語》中出現了一些春秋時的隱者，他們皆不屑孔子汲汲於世俗⑭。這類人物，在《莊子》書仍舊出現他們的影子。在《論語》中說：「已而已而，今之從政者殆而。」的接輿，又稱孔子：「禍重乎地，莫之知避⑮。」而孔子愀然而歎，爲「再逐于魯，削迹于衞，伐樹于宋，圍于陳蔡」而不知所失。漁父要他：「謹脩而身，愼守其眞，還以物與人，則無所累矣⑯。」

(三)仁義

孔子的人性論以仁爲核心⑰，義並非與仁有同等相對的地位，而自孟子在兼談仁義後，仁義復成爲孔子的標誌。「孔子西藏書于周室」章⑱，孔子引據六經解說，說得太冗長了，老聃只要聽要點，他說：「要在仁義。」又說：「中心物愷⑲，兼愛無私，此仁義之情也。」老子則評兼愛是迂，無私是私。事實上，兼愛無私並非孔子的語彙。

又「孔子見老聃而語仁義」章⑳，老聃稱「仁義憯然，乃愭吾心，亂莫大焉。」直視仁義是心亂的根源。

(四)忠信、禮樂、人倫

孔子坐在杏壇，弟子讀書。有漁父者下船而來，子貢向漁父介紹孔子說：

「孔氏者，性服忠信，身行仁義，飾禮樂，選人倫，上以忠于世主，下以化以齊民，將以利天下，此孔氏之所治也㉑。」

這是相當公道，且符合孔子思想的。但漁父認爲天子、諸侯、大夫、庶人四個階級要各司其職，「四者離位而亂莫大焉，官治其職，人處其事，乃無所陵」，而孔子既非天子、諸侯，亦非有職事之大臣，卻要來飾禮樂、選人倫以化齊民，不是多管閒事嗎？這簡直可以孔子的「不在其位，不謀其政」來反駁孔子。

㈤三皇五帝之禮義法度

孔子西遊於衞，顏淵問師金說：「以夫子之行爲奚如？」師金認爲孔子死守三皇五帝禮義法度，如取先王已陳的芻狗，先王已經用過的芻狗，在獻祭之時，早應丟棄，以爲「禮義法度者，應時而變者也㉒。」這個批評的角度，則有似法家㉓。

另外，「孔子見老聃而語仁義」章，以老聃之名，進一步宣稱：「余語汝，三皇五帝之治天下，名曰治之，而亂莫甚焉。……鮮規之獸，莫得安其性命之情者，而猶自以爲聖人，不亦可恥乎㉔？」

按孔子以復周公之禮爲宿志，雖視堯舜爲聖人，而並沒有標榜什麼三皇五帝。戰國末秦漢間，三皇五帝成爲政治上的圖騰，道家把這責任就推給孔子。

㈥不耕不織，封侯富貴

〈盜跖〉的批孔是最尖銳的：

> 「爾作言造語，妄稱文、武，冠枝木之冠，帶死牛之
> 脅，多辭繆說，不耕而食，不織而衣，搖脣鼓舌，擅生是
> 非，以迷天下之主，使天下學士，不反其本，妄作孝弟而
> 徼倖於封侯富貴者也㉕。

這些話是尊孔批莊者或近代以來批孔者所經常引用的。在
《論語》中，即可找到孔子被後世指責的一些源頭思想。樊遲請
學稼，請學爲圃。孔子在背後稱：「小人哉！樊須也。上好
禮，則民莫不敢不敬，……則四方之民襁負其子而至矣，焉用
稼㉖？」顯然孔子以「上」位自居。又說：「君子謀道不謀
食，耕也，餒在其中；學也，祿在其中矣㉗。」早在與孔子同
時春秋時代，一些自食其力的隱者，事實對孔子的不耕不織有
所微辭㉘。

二、自我作賤，欲拜人爲師

孔子終生敏求好學，不恥下問，以爲三人行，必有我師
焉。因此在上古就傳有向低微晚輩學習的故事㉙。所以在《莊
子》書中被寫成爲沒有自我，唯人是師的庸才。

㈠師王駘

魯國有個斷腳的王駘，跟他學習的人和孔子一樣多，但卻能「立不教，坐不議，虛而往，實而歸。」孔子說他：「夫人，聖人也，丘也直後而未往耳，丘將以為師。」

㈡師老聃

以孔子學於老聃的形式而出現於先秦古籍者以《莊子》最多，約有十多章㉚。《莊子》的作者羣，利用老聃對孔子極盡挖苦戲弄之能事。

> 「孔子見老聃，老聃新沐……孔子便而待之。……孔子出，以告顏回曰：「丘之于道也，其猶醯醢與！微夫子之發吾覆也，吾不知天地之大全也㉛。」

《莊子》作者對孔子的嘲弄，經常是孔子帶一批學生同時在場的時候，並當場讓孔子向學生承認自己的錯誤或覺醒。或者是讓學生在孔子背後對孔子的信心動搖㉜。

㈢師顏淵

在「回益矣」章，把孔子、顏回變成道家人物，孔子居然同意顏回忘禮樂仁義，但是等到顏回說「坐忘」，孔子就不懂了，待顏回解釋後，他說：「而果其賢乎！丘也請從而後也㉝。」

㈣師漁父

〈漁父篇〉主精誠貴眞，兼有宋尹、楊朱學派的思想。孔子見漁父，一如見盜跖低聲下氣的說：「曩者先生有緒言而去，丘不肖，未知所謂，竊待于下風，幸聞咳唾之音，以卒相丘也。……，丘少而脩學，以至于今，六十九歲矣，無所得聞至敎，敢不虛心。」在聆聽一番敎訓之後說：「今者丘得遇，若天幸然。先生不羞而比之服役，而身敎之。敢問舍所在，請因受業而卒學大道。」最後還說：「今漁父之于道，可謂有矣，吾敢不敬乎㉞？」這一番話使許多讀者受不了，而大肆抨擊莊子，或以爲此篇非莊子所著。

㈤效法孟子友、子琴張

孟子友、子琴張與王駘、漁父皆寓言人物。孔子稱兩人爲「遊方之外者也」，能「彷徨乎塵垢之外，逍遙乎無爲之業。」並向子貢說：「丘，天之戮民也。雖然，吾與汝共之㉟。」要子貢一起追求「遊方之外」。

㈥稱讚孟孫才

孟孫才，母死，心中不戚，居喪不哀，卻以善於居喪名聞魯國，顏回覺得奇怪。孔子說：「孟孫氏盡之矣，進于知矣。……吾特與汝，其夢未始覺者邪㊱！」

㈦稱讚灌園者

子貢南遊於楚，見一丈人抱甕灌園。返回魯國，以告孔

子，孔子說：「彼假脩渾沌氏之術者也。……且渾沌氏之術，予與汝何足以識之哉㊲！」

(八)受大公任感召

孔子圍於陳蔡之間，大公任告訴他要「削迹捐勢，不爲功名」。孔子說：「善哉！」於是就辭其交遊，去其弟子，逃於大澤中㊳。

三、被塑造爲宣揚道家思想的主角

(一)反對名、智、仁義

「顏回見仲尼請行」一章㊴，是以孔子與顏回爲主配角，來反映含有黃老成分的道家思想。其中若干用語，與孔子之言正好相鑿枘。顏回說：「回嘗聞之夫子（孔子）曰：『治國去之，亂國就之，醫門多疾。』」而眞孔子說：「危邦不入，亂邦不居㊵。」仲尼教顏回說：「名也者，相軋也；知也者，爭之器也，二者凶器，非所以盡行也。」而眞孔子則說：「必也正名乎！名不正，則言不順㊶。」又說：「仁者安仁，知者利仁㊷。」

此外，孔子還反對顏回「强以仁義繩墨之言，衒暴人之前者。」這與孔子思想及《莊子·天道篇》引孔子說「要在仁義」都是矛盾的。

(二)心齋、集虛

上面孔子與顏回的對話，到最後孔子舉出教顏回如何應付

衛君的方法，就是「心齋」，孔子解釋：「氣也者，虛而待物者也。唯道集虛。虛者，心齋也⑬。」氣與虛，皆黃老的詞彙。孔子的齋⑭，正是《莊子》書中所反對的祭祀之齋。心齋是莊書的關鍵語（Key Word），卻是透過儒家宗師孔子之口而出，耐人尋味。

㈢用志不分，乃凝於神

孔子到楚國，出於林中，見駝背者以竿黏蟬，就如同揀的一樣容易，這乃是經過無數的鍛鍊，以達到「吾執臂也，若槁木之枝，雖天地之大，萬物之多，而唯蜩翼之知。」孔子因稱「用志不分，乃凝于神⑮。」這乃是經驗、意志的昇華與飛躍，但並非孔子的思想。

㈣命

孔子固然是天命論者，卻是有條件⑯，他是「發憤忘食，樂而忘憂，不知老之將至」的「知其不可而為之」的人，並沒有把世間的人事皆視為命。《莊子》則採取更廣泛的自然定命論。作者利用孔子稱哀駘他是「才全」者，才全是「死生存亡，窮達貧富，賢與不肖，毀譽，飢渴寒暑，是事之變，命之行也⑰。」而且「以為命有成而形有所適也，夫不可損益⑱。」萬物萬事皆是自然定命，不可增減。

㈤將、迎

「顏淵問乎仲尼」章⑲，顏淵再問孔子以前說過的「無有所得，無有所迎」的意思。孔子說：「與物化者，一不化者也

……聖人處物不傷物。……唯無所傷者，爲能與人相將迎。」與〈大宗師篇〉得道的女偊所說的聖人之道「無古今而後能入不死不生，殺生者不生，其爲物，無不將也，無不迎也；無不毀也，無不成也㊿。」是相同的生命之於道，沒有送往、迎來的，生死是一體的。孔子所談的全爲莊子講話，所以在文中卑視「儒墨者師」認爲他們以是非相攻訐，就無足爲怪了(51)。

㈥孔子成爲道家的典型

莊子謂惠子曰：「孔子行年六十而六十化。」章(52)，莊子成了孔子的心腹，任他來刻畫孔子，最後說「已乎已乎！吾且不得及彼乎！」孔子儼然是莊周望塵莫及的人物。

結　論

綜合以上所論，歸納以下幾點：

一、儒、道間思想固然有重疊處，但彼此的主流人物與思想，劃成鴻溝，不容混淆。《莊子》一書中雜有黃老思想中若干儒家的觀點，但絕無以儒家爲主體的篇章，亦無尊孔的言論。書中出現的孔子，大半已被改造成道家型的人物，不免含有推崇的文句，則易被誤爲是尊孔或陰助孔子。至於立場嚴明、聲色凌厲的〈漁父〉、〈盜跖〉等篇，就被視爲狂犬惡聲了。

二、儒、道的價值觀有基本的歧異，「道不同，不相爲謀」。但由於《莊子》作者羣，屬於道家中許多不同的學派、或不同的立場，而使得莊書中的孔子許多地方的形象和立場不同，甚至相互矛盾，也就是說道家評孔的價值觀並不一致。

三、孔子的生命價值與思想精神之所在，在莊書中並沒有比較客觀的被顯露出來。

四、莊書所批判的孔子思想之論點，除了階級論外，近代的批孔，大半仍不出其範圍。

五、總之，《莊子》書中的莊子之形象，充滿道家的主觀偏見，但具有從側面透視孔子及儒家內在的價值。

註　釋

①《史記·老莊申韓列傳》。

②《蘇東坡全集》前集卷三十二、《莊子祠堂記》。

③林希逸《莊子口義·發題》。

④晁公武《郡齋讀書志》。

⑤宋濂《諸子辨》。

⑥王夫之《莊子解》。

⑦王夫之以莊周係受到儒家子張終身不仕的影響。見《讀四書大全說》。

⑧《史記·老子傳》及《禮記》。

⑨〈天運〉。

⑩〈天下篇〉的思想正強調度數：「其明而在數度者，舊法世傳之史，尚多有之。」

⑪〈天運〉。

⑫〈知北遊〉。

⑬〈德充符〉。

⑭〈微子篇〉有接輿、長沮、桀溺、荷蓧丈人。〈憲問篇〉有晨門者，擊磬者。

⑮〈人間世〉。

⑯〈漁父〉。

⑰《論語》出現仁字 109 次。

⑱〈天道〉。

⑲章炳麟《莊子解故》以「物愷」爲「易愷」之誤，即豈弟。

⑳〈天運〉。

㉑〈漁父〉。

㉒〈天運〉。

㉓《商君・更法》：「公孫鞅曰：禮法以時而定，制令各順其宜。」
《韓非子・五蠹》：「聖人不期修古，不法常法，論世之事，因爲之備。」

㉔〈天運〉。

㉕〈盜跖〉。

㉖《論語・子路》。

㉗《論語・衞靈公》。

㉘參見⑭。荷蓧丈人稱孔子爲「四體不勤，五穀不分。」

㉙《戰國策・秦策五》：「甘羅曰：『項橐生七歲而爲孔子師，今臣生十二歲于茲矣。』」又《吐魯番文書》中《孔子項託相問書》。

㉚見〈德充符〉、〈天地〉、〈天運〉、〈天道〉、〈田子方〉等篇。

㉛〈田子方〉。

㉜如子貢向自己的弟子說：「始吾以爲夫子（孔子）天下一人耳，不知復有夫人（指抱甕灌園者）」，見《天地篇》。

㉝〈大宗師〉。按顏回在《莊子》書中地位重要，較受推崇，可能顏回淡泊的人生觀與道家較接近。

㉞以上皆見〈漁父〉。

㉟〈大宗師〉。

㊱〈大宗師〉。

㊲〈天地〉。

㊳〈山木〉。

㊴〈人間世〉。

㊵《論語・泰伯》。

㊶《論語・子路》。

㊷《論語・里仁》。

㊸〈人間世〉

㊹《論語・鄉黨》：「齊，必有明衣，布。齊必變食，居必遷坐。」

㊺〈達生〉。

㊻主要是生死的問題。如伯牛有疾，子曰：「亡之，命矣乎。」，見
　《論語・雍也》。

㊼〈德充符〉。

㊽〈至樂〉。

㊾〈知北遊〉。

㊿〈大宗師〉。

○51孔子批評儒墨相非，如《齊物論》：「故有儒墨之是非，以是其所非
　而非其所是。」的口吻。

○52〈寓言〉。

（1989 年 10 月寫於南韓大邱啟明大學）

（國立台灣師範大學國文學報，19 期）

《莊子》與騶衍

前 言

　　《莊子》一書的篇章組織與內容成分是牽涉到思想流變、學派分合的大問題。從司馬遷至清王朝學者，談論的不計其數，大抵皆是筆記式的語錄。到二十世紀，中國、日本的學者如顧頡剛、武內義雄等才有專題的論述。至於對各篇逐一加以討論，則自羅根澤與葉國慶始，六十年代，我亦曾做內外雜篇的作者與時代考證①。晚近中國學者有更深度的專著問世，如張恆壽、劉笑敢、崔大華②。

　　總體而言，對內篇依然多認爲莊周的本眞。外雜篇，羅根澤分道家左、右、激烈派、隱逸派、老子派、莊子派、老莊混合派、神仙家、縱橫家。劉笑敢則分有對莊子思想「述而不作」的述莊派、兼容儒法的黃老派、抨擊儒墨的無君派。羅氏分類法乃受三、四十年代左派思想的影響，劉氏較爲切要，但又失諸籠統，黃老與無君二派諸多相混，而非全然主張無君的老子反禮派則無處可容，這些暫不必去論。但我們可以看出《莊子》外雜篇包含了多家的思想，具有雜家的色彩。值得注意的是其中藏有不少陰陽家的成分，特別是騶衍的思想，但向來

學者似未曾提到這個問題。

　　衆所周知，1973 年中國長沙市馬王堆漢墓出土漢初的帛
書《老子》及所謂《黃帝四經》《伊尹‧九主》古佚書，這些有漢初
黃老時代背景，及兼有法家思想的古書，遂成爲當時批林批
孔、尊法反儒的工具，而間接助長了黃老學說的研究熱潮，二
十多年來，黃老學派的擴大，顛覆了以儒道爲主軸的單線思
考，但亦掩遮了黃老思想中多面向的原型。

　　太史公司馬談「論六家之要旨」：

> 「夫陰陽、儒、墨、名、法、道德，此務爲治者也。
> ……陰陽之術，大祥而衆忌諱，使人拘而多所畏；然其序
> 四時之大順，不可失也。……道家使人精神專一，動合無
> 形，贍足萬物。其爲術也，因陰陽之大順，采儒墨之善，
> 撮名法之要，與時遷化，應物變化，立俗施事，無所不
> 宜，指約而易操，事少而功多③。」

這裡先說明陰陽等六家並存，再陳述道家吸收陰陽、儒墨、名
法的優點而成爲集大成的思想，這個「道家」，即是指漢初的
黃老，它包含著司馬談所認爲具有「四時大順」的陰陽家思想
之原型。

　　《莊子》外雜篇多寫於嬴秦漢初，其中被認爲是黃老派所作
的篇章，即可能含有騶衍思想。本論文乃透過《莊子》，對騶衍
思想，加以鉤沈。

一、騶衍思想的新觀察

以齊人騶衍爲首的陰陽家，在戰國末年是極重要的學派，歷秦漢王朝，其在政治、文化、思想上的影響力，實不遜於儒道，尤其在帝國禮儀、宗教上有不可取代的地位。我們可以從《史記》的禮、樂、律、曆、天官、封禪諸〈書〉看出端倪。而《漢書》的律曆、禮樂、郊祀、天文、五行諸志亦多是陰陽五行貫穿其中，則不必論矣④。

《史記・孟荀傳》雖以儒家孟荀爲名，實則以齊國稷下先生列傳爲主，其核心人物不是儒家孟子、荀子，而是最有影響力的陰陽家騶衍，司馬遷僅各以一百四、五十字介紹孟、荀，卻以三倍字數來刻繪騶衍事迹與思想。在〈孟子傳〉後，用「其後有騶子之屬」語，用以下接騶衍、淳于髡、愼到、環淵、接子、田駢、荀子之屬。最後把一些無所屬的人補在下面，而以墨翟殿後。我看此篇合傳，與〈老子韓非傳〉一樣都是司馬遷受其父影響，認爲是黃老思想家原型的合傳，〈孟荀傳〉是如司馬談所言的「陰陽之大順，采儒墨之善」的合傳，而〈老韓傳〉是道家（老、莊）「撮名法（申、韓）之要」的合傳。

可知漢初黃老思想中的陰陽家，是黃老的重要成分。《漢書・藝文志・諸子略》陰陽家有 21 家，369 篇，其中與騶衍有關的著作有《鄒（騶）子》49 篇，《鄒子終始》56 篇，都與凡名有陰陽的著作而早已亡佚。

後人探討騶衍及陰陽家思想，多從《史記》及其〈索隱〉、〈正義〉、還有《呂氏春秋》、《淮南子》，或類書、佚文引出，其

研究方向多朝五德相生相剋，或服色、正朔、音律的歷史研究。如顧頡剛的名作〈五德終始說下的政治和歷史〉，而徐文珊的〈儒家和五行的關係〉雖從思想史入手，卻不及道家，自然未言《莊子》⑤。

要全面探討莊子書中的騶衍思想及陰陽家，茲先將《史記》《漢書》的最原始資料標示如下。《史記·列傳》第十四：

「騶衍睹有國者益淫侈，不能尚德，若大雅整之於身，施及黎庶矣。乃深觀陰陽消息，而作怪迂之變，《終始》、《大聖》之篇十餘萬言。其語閎大不經，必先驗小物，推而大之，至于無垠。先序今以上至黃帝，學者所共術，大並世盛衰，因載其禨祥度制，推而遠之，至天地未生，窈冥不可考而原也。先列中國名山大川，通谷禽獸，水土所殖，物類所珍，因而推之，及海外人之所不能睹。稱引天剖判以來，五德轉移，治各有宜，而符應若茲。以為儒者所謂中國者，于天下乃八十一分居其一分耳。中國名曰赤縣神州。赤縣神州內自有九州，禹之序九州是也，不得為州數。中國外如赤縣神州者九，乃所謂九州也。于是有裨海環之，人民禽獸莫能相通者，如一區中者，乃為一州。如此者九，乃有大瀛海環其外，天地之際焉。其術皆此類也。然要其歸，必止乎仁義節儉，君臣上下六親之施，始也濫耳。王公大人初見其術，懼然顧化，其後不能行之。

是以騶子重于齊，適梁惠王郊迎，執賓主之禮。適趙，平原君側行撇席。如燕，昭王擁彗先驅，請列弟子之

座而受業，築碣石宮，身親往師之，作主運。其游諸侯見
尊禮如此，豈與仲尼菜色陳蔡，孟軻困于齊梁同乎哉！故
武王以仁義伐紂而王，伯夷餓不食周粟；衛靈公問陳，而
孔子不答；梁惠王謀欲攻趙，孟軻稱太王去邠。此豈有意
阿世俗苟合而已哉！持方枘欲內圜鑿，其能入乎？或曰，
伊尹負鼎而勉湯以王，百里奚飯牛車下而繆公用霸，作先
合，然後引之大道。騶衍其言雖不軌，儻亦有牛鼎之意乎
⑥？」

《漢書·藝文志》：

「陰陽家者流，蓋出于羲和之官，敬順昊天，歷象日
月星辰，敬授民時，此其所長也。及拘者為之，則牽于禁
忌，泥于小數，舍人事而任鬼神⑦。」

騶衍（西元前 343～278）⑧是戰國末年的大思想家，知
識淵博，通曉歷史、政治、天文、地理、曆律、音樂、動植
物，甚或醫學⑨。馮友蘭以孔、孟、荀喻為蘇格拉底、柏拉
圖、亞里斯多德，實則兼通自然科學的騶衍才是亞里斯多德
⑩。若從儒家倫理角度看，是騶衍繼承了孔儒，加以系統化
的，顧頡剛、陳槃、徐文珊等即疑騶衍為儒家⑪。

「陰陽」一詞最初是指日光之向背、明暗、晝夜，引申為
對稱性、連續性的自然現象，之後到《老子》「萬物負陰而抱
陽」（四十二章）的具有萬物結構的性質，這都是騶衍之前就
存在的概念。

　　五行，是五種物質土、木、水、火、金，《國語‧鄭語》稱
「先王以土與金木水火雜，以成百物。」《左傳‧襄二十七年》
則稱「五材」，此外五行又指如帛書〈五行〉以仁義禮智聖⑫，
亦即《孟子‧盡心下》所稱的「仁之于父子也，義之于君臣也，
禮之于賓主也，知之于賢者也，聖人于天道也」的五種德行，
這也是騶衍之前就有的說法⑬，問題只是它的次序未定和可能
未普遍稱為「五行」之「行」罷了。

　　騶衍將五種元素和德行加以整合，規格化、系統化，並用
來詮釋宇宙的空、時間的現象與發展，歸納現在（戰國末、周
朝）到黃帝的歷史規律，將五個元素的「陰陽消息」生滅循環
現象，做為五個帝王或朝代嬗遞的依據，並訂定彼此有特色的
曆法、音律、服色……之國家制度。每一個帝王（或朝代）的
一個相稱的元素及其相配合的制度，稱「一德」，德是戰國中
期後道家與黃老頗重視的命題，但騶衍是含有「機祥」終始、
消息的意義，亦即有類似「末日」的警惕的功能，要「有國
者」能行「仁義節儉」，能注意政權最後是要終了的，這即所
謂德。他感歎有國者不能尚「德」，依《呂氏春秋‧應同》、
《史記‧封禪書》，依次是黃帝土德、夏禹木德、殷湯金德、周
文王火德。然後代周的是水德，水勝火、火勝金、金勝木、木
勝土⑭，每一德自有始終，五德為一大始終，而一終即另一
始，即一消一息（生），一陰一陽，而五德一大循環。決定終
始消息可能是由天文、日月、星相、氣候的觀察。由天象示以
吉凶之兆，即司馬談所謂「陰陽四時八位、十二度二十四節，
各有教令」。

　　《呂氏春秋‧應同》所言，學術界皆認為是騶衍學說：

「凡帝王者之將興也，天必先見祥乎下民。黃帝之時，天先見大螾大螻，黃帝曰『土氣勝』，土氣勝，故其色尚黃，其事則土。及禹之時，天先見草木秋冬不殺，禹曰『木氣勝』，木氣勝，故其色尚青，其事則木。及湯之時，天先見金刃生于水，湯曰『金氣勝』，金氣勝，故其色尚白，其事則金。及文王之時，天先見火，赤烏銜丹書集于周社，文王曰『火氣勝』，火氣勝，故其色尚赤，其事則火。代火者必將水，天且先見水氣勝，水氣勝，故其色尚黑，其事則水。水氣至而不知，數備，將徙于土⑮。」

然而天垂機祥，是於由人的作爲使然，亦即禍福都是由於人的作爲所招致的，即《呂覽》所謂「禍福人或召之也，故國亂非獨亂也，又必召寇。」⑯。騶衍有一段話被引在《漢書·嚴安傳》開頭的正文：

「騶衍〔子〕曰：『政教文質者，所以云救也，當時則用，過則舍之，有易則易（也）〔之〕，故守一而不變者，未睹治之至也。』今天下人民用財侈靡，……侈而無節，則不可贍⑰。」

稱爲政教民，文、質互用，適時用之，過則捨之，能應時而變，才能達治之至，這是騶衍引用孔子說：「質勝文則野，文勝質則史，文質彬彬，然後君子」（論語·雍也），把文、質納入「五德轉移」系統中，我們發現後來董仲舒所稱「文著于質，質不居文，文安施質，質文兩備，然後其禮成。」及以

夏爲文、殷爲質、周爲文等說法可知⑱，秦漢五德說基本上恐皆襲用騶衍一派的學說，《史記‧列傳》說騶衍「節儉」，乃是主繼周「文」爲「質」使然，並用以與「水德」相配。

總之，騶衍思想，是一套取孔儒及諸家精華融於陰陽五行的體大思精的結構，符合戰國末各大國統治階級內用於鞏固政權，外用以擴張勢力的利益。尤其建構一套詮釋歷史、政權發展的秩序模式，而具有的宗敎性的無比力量，使騶衍成爲華夏歷史上最早的「活佛」，備受各大國國君的歡迎與禮遇，這是包括孔孟在內的諸子所未見的。

《史記‧列傳》說他「作怪迂之變，《終始》、《大聖》之篇十餘萬言。」字數與《莊子》一樣，多達十多萬。《史記‧封禪書》稱「騶子之徒，論著〈終始〉〈五德〉之運。及秦帝而齊人奏之，故始皇采用之。……騶衍以陰陽主運，顯于諸侯。」〈集解〉：「如淳曰：今其書有《五德》《終始》。」〈索隱〉：「〈主運〉是鄒子書篇名。」⑲

《漢書‧藝文志‧諸子略陰陽家》有以騶子爲名的兩種著作《鄒子四十九篇》及《鄒子終始五十六篇》，諒爲後人所編⑳，皆亡佚，或後者乃談五德終始，前者或談天地、大九州及「仁義節儉，君臣上下六親之施。」可惜無從得知其論述的原貌。

騶衍是重要的人物，其思想著諸竹帛，流傳不爲不廣。《莊子》一書初編於淮南王劉安時代，而成書於劉向、歆父子，夾雜著戰國末秦漢間的諸家思想，而這個時代諸子百家之文字，互見不鮮，莊書亦隱藏著騶衍的部分思想、概念、詞彙，今盡其可能的一一的給挑出來，詳細、客觀的求證。值得驚奇的是主要散落的天字開頭的〈天地〉、〈天道〉、〈天運〉、〈天下〉

四篇，這四篇被認爲是代表黃老思想，確實鑲嵌著若干騶衍原型，而四篇之外，亦偶有些痕迹可尋。

二、主運·帝王之德·素王

《主運》，《史記》說是《鄒子書》的一篇，是騶衍在燕國的著作，「主」應爲人主、帝王；「運」應是運轉，主運指帝王之德的運轉。在上古典籍的「運」字在上下行文中㉑，有「主運」意義，似只見於《莊子》，《莊子》又似只見於《天道》、《天運》兩篇開頭的兩章文字。

《天道》篇「天道運而無所積」章，談「天道運」「帝道運」「聖道運」，足以「萬物成」「天下歸」「海內服」。「明于天，通于聖，六通（六）四辟（時）于帝王之德者」，掌握及順應相稱的時、空的帝王之德，即已「明通」天與聖人之道。騶衍擅長天文，談「閎大不經」「天地未生」「天地剖判」，而有「談天衍」㉒之名。易言之，能順應天的規律，使天下歸服的帝王，即是列傳所稱：「大聖。」《史記·秦楚之際月表》說：「受命而帝者」爲「大聖」㉓。

《莊子·天道》又說：

> 「夫虛靜恬淡，寂寞無為者，萬物之本也。明此以南鄉，堯之為君也；明此以北面，舜之為臣也。以此處上，帝王天子之德也；以此處下，玄聖素王之道也。」

「虛靜恬淡寂漠無爲」，是道家老子思想，但「爲君」

「為臣」卻是儒家思想，亦是騶衍的「君臣上下」的主張，整體而言，此段講的是帝王天子之德的「堯德」。

「帝王之德」是很少見的詞，孔孟老荀皆未見，而《莊子》凡五見，一見於〈天地〉，四見於〈天道〉，繼本章之後同質性甚高的第三章，談「帝王之德配天地」，「帝王」是戰國末才出現的複詞（見於《戰國策‧秦策》）。《白虎通‧虎篇》：「德合心天地者稱帝，仁義合者稱王。……帝者，天號；王者，五行之稱也。」疑所謂「帝王之德」即「帝德」，或與騶衍五帝德有關。

至於「素王」一詞，則純是陰陽家所創的遠古理想的帝王，最早書籍見於《莊子》此處，我們可以旁敲側擊，以見素王與騶衍的關係。

《史記‧殷本紀》：「或曰：伊尹處士，湯使人聘迎之，五反然後肯往從湯，言素王及九主之事。」說湯派人五次聘迎伊尹，伊尹乃向湯言「素王及九主」的治國之事，後來湯看到有人張網四面，湯乃網開一面讓鳥飛走，諸侯乃稱讚「湯德至矣」，湯代「夏德」「乃改正朔，易服色，上白，朝會以晝」㉔。湯是傳說中前十六世紀的人物，當時是絕對沒有「湯德」「夏德」的帝德觀念與「改正朔，易服色」的制度，是司馬遷採取了騶衍所追述的遠古資料而來，而說伊尹談論素王和九主。

《史記‧集解》引劉向《別錄》「九主者，有法君、專君……。」指九種性格類型的君主，《索隱》：「按素王者太素上皇，其道質素，故稱素王。」馬王堆漢墓出土也有稱為《伊尹‧九主》一篇，雖與劉向所注的內容相近，但很難說絕對就

是《史記》的九主㉕，無論如何，這《九主》之「主」，乃與《主運》之「主」，恐怕是有所關聯的，《史記》稱伊尹所談的素王和九主，理應是陰陽家所製造的「帝王之德」。

「素王」一詞，尚找不出易使我們可與「湯德」上白的聯想證據，但可確定其初是與孔子無關的，漢人以孔子有德而無位，乃立為素王㉖，主要還是如董仲舒所說的是為「孔子立新王之道」㉗。其後，道教也把老子視為素王㉘，可見素王最初是騶衍等塑造理想中的帝德。

三、六親・陰陽消息・六極五帝

《天道》：「夫帝王之德，以天地為宗」起至「非上之所以畜下也」長約八、九百字，學者以為「不似莊子」「非莊子之旨」㉙，其實《莊書》，「不似莊子」者遠比「似莊子」的為多，不過這些文字雖「怪迂」一點，卻與〈天下篇〉的序言有些相同，或許也雜有騶衍的一些觀念。

起頭首段講「帝王之德」，主要無為，臣要有為，而帝王「乘天地，馳萬物」、「莫大於帝王」。其次談德、教、治、樂、哀的「五末」，而稱「此五末者，須精神之運，心術之動」，其中談「本末」「禮法度數」一如〈天下〉篇，下面會繼續談到。接著有一段話：

> 「君先而臣從，父先而子從，兄先而弟從，長先而少從，男先而女從，夫先而婦從。夫尊卑先後，天地之行也，故聖人取象焉。天尊，地卑，神明之位也；春夏先，

> 秋冬後，四時之序也。萬物化作，萌區有狀；盛衰之殺，
> 變化之流也。夫天地至神，而有尊卑先後之序，而況人道
> 乎。」

這一段可說是騶衍的「君臣上下六親之施」「陰陽消息」，但
亦可能是儒，或稷下黃老之言。「六親」不是先秦孔、孟的術
語，《老子‧十八》雖稱：「六親不和有孝慈」，但不知所指，
所有六親的細目，皆漢人以後的注解，主要有二：一是父子、
兄弟、夫婦（《老子注》）；一是父母、兄弟、妻子（《漢書‧
賈誼傳》注引應劭曰）。似皆不如此處由「君臣」「父子」
「兄弟」「長少」「男女」至「夫婦」的「先從」之上下關
係，這種先後關係，乃取象於天尊、地卑、春夏先、秋冬後的
「盛衰之殺、變化之流」，甚符合「深觀陰陽消息」的騶衍思
想，可惜我們不知騶衍對傳統與孔儒思想的繼承真相，不敢驟
然下筆斷語。

　　「天其運乎？地其處乎？」章，有關天、地、日、月、
雲、雨何以會有作用，連珠式的問句，接下的答覆是：

> 「巫咸袑曰：『來！吾語女。天有六極五常，帝王順
> 之則治，逆之則凶。九洛之事，治成德備，監照下土，天
> 下戴之，此謂上皇。』」

　　古人仰天俯地，見日月代行，風雨交至，而歸納人與自然
的關係之規律，這正是陰陽家之所擅長，《史記‧天官書》：
「仰則觀象于天，仰則法類于地，天則有日月，地則有陰陽，

天有五星，地有五行……三光者，陰陽之精，氣本在地，而聖
人統理之。」在此借用巫者稱，帝王能順天的「六極五常」，
則九洛（州）的人間社會，就能成治備「德」，此乃稱爲上
皇。

　　「六極五常」，成玄英疏：「六極，謂六合。五常，謂五
行，金木水火土。……九洛之事者，九州聚落之事也。」這一
段是比較明確的顯示出陰陽家的思想，由於是承「天其運」而
來，成疏五常爲金木水火土是正確的，它代表天與自然組成，
而不是人事的仁義禮智信。所以帝王能順天地間金木水火土運
轉之理，則可以爲上皇，上皇指天帝，如依《史記・殷本紀》索
隱：「素王者，太淸上皇。」那麼上皇，也是理想中的素王了
⑳。

四、大九州

　　《莊子》在內篇的〈逍遙遊〉序幕，一開始即展現一個開闊無
邊的大空間，不知其幾千里大的鯤魚，又衝破了軀殼，化作大
鵬，高飛而去。在《莊子》的生命世界，大大小小都是獨立的自
由主體，然而他遨遊的世界，都是龐大的空間，如〈則陽〉所言
「天地者，形之大者也；陰陽者，氣之大者也。」「大」和
「遊」成了逍遙的必要條件。

　　《莊子》在刻繪精神世界的大空間之外，亦出現了現實世界
的大空間。這恐多少是受騶衍所開拓的從「驗小物」擴大到九
州、大宇宙風潮的影響。〈在宥〉：

「夫有土者，有大物也。……明乎物物者之非物也，
豈獨治天下百姓而已哉！出入六合，遊乎九州。獨往獨
來，是謂獨有。」

〈秋水〉：

「吾未嘗以此自多者，自以比形于天地而受氣于陰
陽，吾在天地之間，猶小石小木之在大山也，方存乎見
少，又奚以自多！計四海之在天地之間也，不似礨空之在
大澤乎？計中國之在海內，不似稊米之在大倉乎？號物之
數謂之萬，人處一焉；人卒九州，穀食之所生，舟車之所
通，人處一焉，此其比萬物也，不似豪末之在馬體乎？」

前一則，是說擁有土地、人民的帝王，……要明白主宰外
物，並非役使於外物，他不僅只是統治著天下百姓而已！而且
還要出入於天地之間，遨遊九州之上。也就是說理想中的帝
王，效法自然，精神奔馳於開放的大空間。也許與天地六合相
配的九州，才是騶衍理想中的小九州或大九州。在《莊子·山
木》有類似的話：「物物而不物于物，則胡可得而累邪！此神
農黃帝之法則也。」而黃帝既是道家又是陰陽家標榜的人物，
留有一絲可以聯想的線索。

第二則，藉北海海神來說明個體在天地間的無窮的渺小，
茲以《史記》騶衍大九州配合列圖見下頁：

〈秋水〉稱：「人卒九州，穀食之所生，舟車之所通。」明
確指出小九州，即中國；小九州外四海，即裨海，是《史記》所

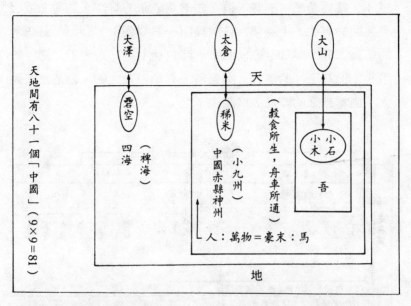

說的「人民禽獸莫能相通者」，莊文如此開闊而浪漫的空間秩序，大概是齊國濱海方士所拓展的海洋文化，難怪日本・金谷治疑此文與騶衍的「大地理說」是有關聯的[31]。桓寬（《鹽鐵論・論鄒》）：「騶衍疾晚世之儒墨不知天地之弘，昭曠之道。……于是推〈大聖〉〈終始〉之運以喻王公、列士中間名山通谷以至海外。」[32]騶衍批判了晚期儒墨缺乏開闊的空間觀，並為諸子百家開拓了影響整個時代的大地理說的視野。

五、《天下篇》變化・運・數

《莊子・天下》的作者問題，不僅是莊學的重要焦點，亦是事涉先秦學術流派的所在。歷代學者的看法，已由莊周的「後

序」，轉爲荀派、或儒、道、法的黃老派的著作。基本上這已是共同的看法，不過個人嘗試提出一個問題中，〈天下〉前四章的序論部分，與〈天道〉前四章，即包括上述「夫帝王之德」所謂「不似莊子」的部分，在架構上有頗相近之處，皆是由天到人，由本到末的關係，以圖表示之。

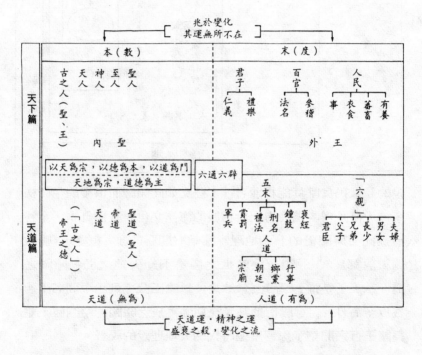

從圖表上很清楚的看出，〈天下〉〈天道〉在內涵上雖略有不同，但基本結構，由擬人化的精神主體，轉化爲現世的「人羣之道」，二者並無軒輊。而儒道法的強烈色彩亦兩篇並存。然而其中卻含著讓人忽略的二點。一是「兆于變化」（〈天下〉），及「盛衰之殺、變化之流」（〈天道〉），這即是上文

四、所談到的「陰陽消息」,是天道與人道交會的陰陽訊息。二是「運」的問題,在〈天道〉講到「天道」、「帝道」「聖道」的運轉,而人道的「五末」(與「本」相對而言),其實為五禮的「吉凶軍賓嘉」,須待「精神之運、心術之動」㉝才能從事做成(依成玄英說)。〈天下〉則稱:「六通六辟,小大精粗、其運無乎不在。」「六通四辟」詞,僅又見於〈天道〉,是陳敍一個開放的空(六合)時(四時)的條件,而不論「大小精細」具象、抽象的人事、天道,皆由「運」來轉移,這與騶衍「主運」,很難分離。

在這架構中,有本有末,本又稱「本數」,末又稱「末度」(《天下》)、度數(《天道》)。但「末度」的數,有時也會與「數」相混㉞。

「本數」,又稱「數」,為天道的數,即「曆數」,為天文曆法的基本現象與數據,包括日月、星宿運轉的軌迹與時間。天文家、陰陽家既可以定曆法、正朔節氣,或從日月蝕、行星異星、雲氣的現象之兆來測吉凶機祥。《史記・曆書》所謂:「黃帝……名察度驗,定清濁、起五部,建氣物分數。」《集解》引孟康:「清濁,律聲之清濁也。五部,五行也。天有四時,分五行也,氣,二十四氣;物,萬物,曆數之分也㉟。」

《天下》「其數散于天下,而設于中國者。」數,即天地間的曆數,為天文現象與數據,表示客觀存在於天地間的自然現象,然後「數」落實於人間為度數、即為社會、政治、倫理的結構與行為。所以「設于中國者」是指圖表內的君子、百官、人民。因此,如〈天道〉篇,由天道而下及人道,騶衍,大概亦

由天而及人的。

班固（《漢書‧藝文志》）批評陰陽家的缺點爲「牽于禁忌，泥于小數，舍人事而任鬼神」是指數之「小」者；反過來說，班固所稱的「曆象日月星辰、敬授民時」的長處，則是「數」，而不稱「小數」。

〈天下〉是否爲具有陰陽家背景的黃老稷下士所寫，不很明確；如果說是肯定的話，那麼篇末何以放入不少「天地其壯乎！……天地所以不墜不陷、風雨雷霆之故」之言，或許便可以從「談天衍」得到答案。

六、《莊子》「黃帝」與陰陽家

從戰國中期起，思想家的託古與造神運動，逐漸推到高潮；這個與陰陽家中央土有關的「黃帝」遂成爲衆神之神，而被百家學派普遍的依託㊱。《漢書‧藝文志》以黃帝爲名的專著：《諸子略》有六家、《兵書略》一家、《數術略》五家、《方技略》九家，凡二十一家，四四九卷，而以「黃帝臣」爲名的亦有七家㊲，《漢志》著錄之書，今多不存，但可想像的諸書中引到黃帝事迹、黃帝言談者必然不少。不論是以「黃帝」爲名之書，或引「黃帝曰」之言，大抵都是在闡發作者所寄寓的思想、理念，未必然就是黃帝的神話，或屬於黃老的思想。因此「黃帝」在不同學派中，有不太相同的屬性，並遭受到不同立場的稱許與批判。

《莊子》書出現「黃帝」二字之詞，共三十五處。分類絞說如下：

㈠《莊子》書該章行文的說明或例證：

「黃帝得之。」（〈大宗師〉）

「黃帝之亡其知」（〈大宗師〉）

「黃帝、堯舜之所共美也」（〈天道〉）

「黃帝之所休」（〈至樂〉）

「堯舜黃帝之道」（〈至樂〉）

「伏戲黃帝不得友」（〈田子方〉）

「神農、黃帝之法則也」（〈山木〉）

以上「黃帝」二字複詞皆出現在文句中，大抵符合道家的性
格，但黃帝與堯舜並列，有道、儒合流思想的傾向。

㈡具有傳統帝王的性格而致力於修「道」：

「黃帝立為天子十九年」章（〈在宥〉）

「黃帝遊乎赤水之北」章（〈天地〉）

「黃帝將見大隗乎具茨之山」章（〈徐無鬼〉）

㈢「通天下一氣」的知「道」者：

「知北遊于玄水之上」章（〈知北遊〉）

這是一則探討知識與生死的寓言，由知、無爲謂與狂屈三個擬人化人物的對話，最後由黃帝得到正解：「道不可致，德不可至」，並強調「禮者，道之華而亂之首」以及「人之生，氣之聚」「通天下一氣」的思想。這是老子、莊子兩派後學相混的新發展㊳。

㈣破壞純樸社會而走向動亂的人物：

「古之人……德又下衰，及神農黃帝始爲天下」章（〈繕性〉）

「然而黃帝不能致德，……強陵弱，以眾暴寡」章（〈盜跖〉）

黃帝被塑造爲華夏民族、國家之祖，是文明的奠基者，但道家的反禮派、無君派乃全面否定。

㈤調和陰陽清濁、盛衰文武的人物

「北門成問于黃帝曰：『（帝張）咸池之樂于洞庭之
野，……』

帝曰：『汝殆其然哉！吾奏之以人，徵之以天，行之
以禮義，建之以大清，夫至樂者，先應之以人事，順之以
天理，行之以五德，應之以自然，然後調理四時，太和萬
物，四時迭起，萬物循生，一盛一衰，文武倫經；一清一
濁，陰陽調和，流光其聲；蟄蟲始作。……吾又奏之以陰
陽之和，燭之以日月之明；其聲能短能長，能柔能剛；變
化齊一，不主故常；……聖也者，達于情而遂于命也。天
機不張而五官皆備，此之謂天樂。』」（〈天運〉）

這一章黃帝說的內容與立場，與前數章皆不同，黃帝談他的咸
池之樂，是依據人事、天理，實踐禮義與自然，尤其強調四
時、萬物之「一盛一衰、文武倫經，一清一濁，陰陽調和」的
規律性。若以「夫至樂者……太和萬物」確爲注文㊴，則注與
疏皆以「五德」來解「禮義」，那麼再參照上下文句，即可發
現這一章很像騶衍的「儒術」㊵和「陰陽消息」之思想。

騶衍「先敍今以上至黃帝，學者所共術」，騶衍亦祖述黃
帝，而戰國、秦漢「黃老」中的「黃帝」，在典籍上（如〈漢
志〉著錄）實則與陰陽家思想最爲密切的。

《史記・曆書》：「神農以前尚矣。蓋黃帝考定星曆，建立
五行，起消息，正閏餘，于是有天地神祇物類之官，是謂五
官。……戰國並爭，……是時獨有騶衍，明于五德之傳，而散
消息之分，以顯諸侯。……秦滅六國，亦頗推五勝而自以爲獲
水德之瑞。……今上即位，……因詔御史曰：『蓋聞昔者黃帝

合而不死，名察度驗，定清濁，起五部，建氣物勝㊶。』」此
處說黃帝、騶衍一脈相承，而〈天運〉篇黃帝所言，與〈曆書〉內
容，基本上是一貫的。

　　陰陽五行之說，經由黃帝、先王之名，滲透到政治、曆
法、服飾、音樂、樂律。《史記・樂書》：「是故先王本之情
性，稽之度數，制之禮義，合生氣之和，道五常之行，使之陽
而不散，陰而不密，剛氣不怒，柔氣不懾㊷。」《史記》這些文
字、觀念，與《莊子・天運》此章，殊多暗合。陰陽消息思想高
漲的時代，為政者首要的大事，即在於「上佐天子理陰陽，順
四時，下育萬物之宜㊸。」

　　《莊子》此章很可確信受騶衍陰陽家影響，再取道家的「形
充空虛」等思想融合而成。

結　語

　　以上的論證，主要是從《史記・騶衍傳・太史公自序・論
六家要旨》以及《漢書・藝文志・諸子略・陰陽家》取出騶衍思
想的特徵，再從《莊子》文章中尋求印證。資料主要集中在〈天
道〉〈天運〉兩篇。

　　由於是以思想史的立場，因此以概念、詞彙做為論文主軸
的考述，然而也為顧及避免一章的資料被支離分隔，亦以章節
為中心。因騶衍文獻的失之缺乏，使許多證據都極為模糊；然
而逐漸開放的多元思考的探討下，《莊子》書出現了若干陰陽家
的主張，也是極可能。

　　騶衍的佚文及其思想，比較多的間接的保存在秦漢人的著

作之中如《呂氏春秋》、《淮南子》、《春秋繁露》等書,我們比較
容易找到的是五行相勝的部分,然而騶衍其他非五行相剋的思
想,如仁義禮教的部分,只有在雜家色彩濃厚的《莊子》外雜篇
中,有機會可找回一些非相剋的騶衍思想,以上的繁瑣探討,
只是繪出一個朦朧的輪廓而已。

　　這只是第一步而已。《莊子》書 33 篇及佚文,應該尚有其
他研究線索的空間。從以下依稀可見其與陰陽家的關係。

　　一、《莊子》文,有「陰陽」連詞,或「陰」「陽」隔字對
稱者二十五處,都是表達自然的現象、結構,或是生命、人體
的組成。只有一處可能談五行相勝,〈外物〉:「外物不可必,
……木與木相摩則然,金與火相守則流,陰陽錯行,則天地大
絯,于是乎有雷有霆、水中有火,乃焚大槐。……利善相摩,
生火甚多,眾人焚和,月固不勝火,于是乎有僓然而道盡。」
此章寫自然界紊亂、產生木木相摩、金火相鎔等等自然與人事
的不調和,用詞如「陰陽」「水火」「不勝火」與陰陽家恐怕
有些關聯⑭。

　　二、「五帝」「三皇」「五帝德」的問題。「三皇五帝」
《莊子》書凡四見,其他古帝王如燧人、伏羲、神農、黃帝、
唐、虞(〈繕性〉)乃至「容成氏、大庭氏、伯皇氏、中央氏
……」(〈胠篋〉)所引人物眾多,為古書罕見。這些人物羣的
形成,或與陰陽家有關係⑮。

　　三、《莊子》最後的成書,包括分內、外雜篇,及全面取篇
名,應為西漢末年劉向父子所作,其中內篇篇名三字最為特
別,而「德充符」「大宗師」「應帝王」三篇名,言「帝王之

德」應「符命」,「宗師」不見於《莊子》是西漢才通用之名,以自然天道爲宗師,此三篇名皆陰陽符應,那麼正文亦可能若干與陰陽有關。三名皆或喻王莽。劉向曾獻騶衍書於朝廷㊻。

　　四、儒家經書最早出現於《莊子》的問題。「孔子見老聃……;於是繙《六經》以說。」(〈天道〉)、「丘治詩、書、禮、樂、易、春秋。……」(〈天運〉)、「詩以道志。書以道事。……」(〈天下〉)這大概是齊稷下方士所作。而產生了騶衍與儒者、方士及經書的新關係。

　　五、《莊子》書中各派思想史結構的重現。尋回被黃老或其他學派之名所掩遮的學術原型,包括陰陽家與騶衍在《莊子》中的原貌。

由此可見《莊子》與騶衍思想比想像的複雜,而不只是「天」字諸篇而已。爲釐清整個《莊子》內在的結構,本論文的主題將值得繼續再研究。

註　釋

　①在《古史辨》發表文章的有錢玄同、顧頡剛、梁啓超等。葉國慶的
　　《莊子研究》。羅根澤的《莊子外雜篇探源》,二文皆發表於 1936
　　年,羅文後收入《諸子考索》。1969 年拙作《莊子學述》有「莊子各
　　篇作者及時代考」。
　②張恆壽《莊子新探》,1983 年。劉笑敢《莊子哲學及其演變》,1987
　　年。崔大華《莊學研究》,1992 年。
　③《史記‧太史公自序》,3288 頁。
　④《史記‧封禪書》:「自齊威、宣時,騶子之徒,論著《終始》《五德》

之運，……始皇采用之。」1368 頁。《漢書‧郊祀志》文同，新校本，1203 頁。《漢書‧五行志》：「漢興……董仲舒治《公羊》《春秋》，始推陰陽，爲儒者宗。」新校本，1317 頁。

⑤見《古史辨》第五冊下編。下編尚有其他有關陰陽五行的論文。台灣七十年代有二書，一爲王夢鷗《騶衍遺說考》，一爲衛挺生的《騶衍子今考》。

⑥《史記‧孟子荀卿列傳》，2344～2345 頁。

⑦《漢書‧藝文志》，1743～1735 頁

⑧生卒依王夢鷗《騶衍遺說考》，33～34 頁。

⑨《漢書‧劉向傳》：「淮南有《枕中鴻寶苑祕書》及騶衍《重道延命方》，世人莫見。」《列子‧湯問》：「鄒衍之吹律。」莊萬壽《列子讀本》，174 頁。

⑩英國李約瑟《中國科學與文明》「騶衍是中國古代科學思想的眞正創始者。」台譯本 2 冊，383 頁。

⑪顧頡剛〈五德終始說下的政治和歷史〉，陳槃《寫在五德……歷史（即顧文）之後》徐文珊《儒家和五行關係》皆見《古史辨》第五冊。

⑫聖，一作信。《莊子‧庚桑楚》：「至禮有不人至義不物，至知不謀，至仁無親，至信辟金。」《莊子集釋》，王孝魚校本，808 頁。本論文皆用此本。

⑬過去以五行最早見於《書‧洪範》：「五行一曰水、二曰火、三曰木、四曰金、五曰土。」但楊寬《洪範疏證》以爲是「《洪範》「爲秦統一中國以前，戰國以後陰陽五行家託古之說」，顧頡剛支持此說，但當時童書業《五行起源的討論》則以爲是「作於戰國初」。三說皆見《古史辨》五冊下編，其後如屈萬里《尚書釋義》、張西堂《尚書引論》、蔣善國《尚書綜述》等亦皆以爲戰國初所作。然《洪範》五

行之先後，皆無影響五種元素、德行，或五個行星的五行早於鄒衍
之說。

⑭《史記‧封禪書》，1368～1369 頁。

⑮陳奇猷《呂氏春秋校釋本》二冊，677 頁。

⑯同上，三七八頁。

⑰《漢書》新校本，4 冊，2809 頁。

⑱《春秋繁露‧玉杯》賴炎元註本，18 頁。《三代改制質文》，174～
178 頁。

⑲《史記‧封禪書》，1369 頁。

⑳《漢書‧藝文志》，1733 頁。

㉑按運字作運行之意，則多與「日月」（《易繫辭》）「萬物」（《管
子輕重甲》）、「天地」（《淮南精神》）連詞。

㉒《漢書‧藝文志》顏師古注，1733 頁。

㉓《史記》760 頁。

㉔本論文引用《莊子》文字，為郭慶藩《莊子集釋》，王孝魚校本。

㉕《史記》，九四頁。按《史記》「素王」兩見：一又見於《秦始皇本紀》
277 頁。

㉖《史記‧索隱》注「九主」為「三皇、五帝及夏禹」又或稱「九主謂
九皇」與《劉向別錄》內容大異。

㉗素王，見《淮南子‧主術訓》、《說苑‧貴德》、《孔子家語‧本姓
解》。趙翼《陔餘叢考‧素王》：「《史記》伊尹見湯言素王……是尚
未以專屬孔子。」卷廿一，17 頁。世界書局版。《春秋繁露‧玉
杯》，19 頁。

㉘《莊子》成玄英疏：「有其道而無其爵者？所謂玄聖素王，……即老
君尼父是也。」，496 頁。

㉙按歐陽修、王夫之、吳汝綸等以爲這一大段話不似莊子之旨。陳應
　鼓《莊子今注今譯》因從正文刪除而不注釋。

㉚又俞樾《莊子平義》：「六極五常，疑即洪範之五福六極也。」按
　《書・洪範》可能與戰國陰陽家有關，但其中五福、六極皆有專指的
　內容，不可能與《洪範》有關。《莊子集釋》，496 頁。

㉛日本金谷治《鄒衍的思想》：「當時知識份子對天文、地理已具有濃
　厚的興趣。……鄒衍不單是風潮的中心，……爲這一風潮的促進
　派。」金谷氏又疑〈天下篇〉惠施的「天下之中央……」、黃繚問天
　地現象等，乃受此風潮影響。《日本學者論中國哲學史》，126 頁。

㉜馬非百《鹽鐵論簡注》本，376 頁。

㉝「精神」「心術」皆戰國末，稷下黃老學派的詞語，「精神」一詞
　說，見劉笑敢《莊子哲學及其演變》，1988 頁。

㉞如《天下》：「其數一二三四」，爲末度，指社會階級、親疏關係。

㉟《史記・曆書》，1261 頁。

㊱見拙作《中國論》，34 頁。

㊲《漢書・藝文志》諸子略有道家四家，陰陽家一家，小說家一家，兵
　家略陰陽一家。數術略有天文一家、曆譜一家、五行二家、雜占一
　家。方技略有醫經二家、經方二家、房中一家、神仙四家。共二十
　一家。託名「黃帝臣」者有：容成子、力牧、封胡、風谷、鬼容區
　等家。見《漢書》新校本。1701～1784 頁。

㊳按此章引《老子・三十八章》一段文字。羅根澤以爲是「老子派作
　品」，見《諸子考索》，300 頁。但張恆壽則以爲是「錯簡羼入」，
　但無任何版本之依據。見《莊子新探》，二二〇頁。

㊴35 字，一般皆言係由注疏竄入正文。此說有蘇轍、林希逸、王先
　謙、馬其昶、于省吾、王叔岷等。鍾泰反對此說，見《莊子發微》，

318 頁。

㊵桓寬《鹽鐵論・論儒》：「鄒子以儒學術干世主……鄒子作變化之術
亦歸仁義。」馬非百《鹽鐵論簡注本》，87 頁。

㊶《史記・曆書》新校本，1260 頁。

㊷《史記・樂書》新校本，1208 頁。

㊸《史記・陳丞相世家》新校本，2061 頁。

㊹按〈外物〉「外物不可必」章，開頭 80 多字，與《呂氏春秋・必己》
大致相近。

㊺葉國慶《莊子研究》以《莊子》中之古帝王性格，取與《大戴記》所塑造
帝王性格，相比較，136 頁。

㊻劉向父子的災異五行，推演災異 226 則，見《漢書・五行志》。

（1998 年 4 月台大哲學系，先秦道家思想研討會論文集）

《莊子》的方伎及其與
《史記》關係之新探

道家思想到戰國末秦漢間逐漸蛻變，以黃老的形式，活躍在歷史舞臺上。《老子》書成爲貴族政治思想的聖經，而以莊周爲首的《莊子》學派，聲勢雖遠不如老子，然在方伎方面，亦有相當深遠的影響。

本文係從《史記》探討莊學對秦漢間神仙與卜筮等方伎思想的影響及其與《史記》的關係。上篇從《莊子‧大宗師》的「眞人」與神仙之關係，以推究秦始皇的求仙阬儒。中篇探尋《莊子》中〈齊諧〉與漢武帝求仙與司馬相如〈大人賦〉的諸關係。下篇個人首先舉出《莊子‧盜跖》與《史記‧日者列傳》在內容結構、批判精神與文句上有相當的類似。由此三篇可見《莊子》學派不僅對秦漢間方伎家有直接的關係，而且《莊子》書對司馬遷也比先前所了解的影響要來得大。

壹、莊子的「真人」與秦始皇

一、莊子真人與神仙

　　神仙思想起於春秋戰國時代渤海灣沿岸的燕齊等東夷地區，而道家亦東夷的文化①，二者有相當的關係。促成神仙思想的亢進是統治者怕死，他們在酒酣耳熱之際，而有歲月苦短之思。春秋時，齊景公飲酒，而向晏子說：「古而無死，其樂若何②。」這種心態與後來秦始皇、漢武帝之所以追逐神仙、不死藥是同出一轍的。在文獻上，神仙思想的最初記錄，只出現於戰國。莊周其人並不主張神仙，也不倡導肉體永生，在比較屬於莊周本真的內篇：把「道」，擬人化，有「真人」「聖人」「神人」「至人」等諸名，而且還引到若干神仙的事迹和神仙化的人物，這些多樣化的人物，大抵有擺脫生死，不怕水火，不食五穀，吸風飲露，或無所滯礙的逍遙遨遊等等的性格，然而這在《莊子》書中，大多是用來形容「道」的普遍性和至高性，其實這些性格，就是自然的本身。它是超越生死，永恆的存在。當然，從另一方面，神仙思想應該早在莊周之前就存在了，《莊子》真人等觀念，或許就是取材於早期神仙家之言。

　　　「古之真人，不逆寡，不雄成，……若然者，登高不慄，入水不濡，入火不熱，是知之能登假於道者也，若

此。……古之真人，其寢不夢，其覺無憂，其食不甘，其息深深。真人之息以踵。……古之真人，不知說（悅）生，不知惡死，……」（《大宗師》）

「至人無己，神人無功，聖人無名。」（〈逍遙遊〉）

「藐姑之射山，有神人居焉，肌膚若冰雪，綽約若處子，不食五穀，吸風飲露，乘雲氣，御飛龍，而遊乎四海之外。」（〈逍遙遊〉）

「至人，神矣！大澤焚而不能熱，河漢沍而不能寒，疾雷破山飄風振海而不能驚。若然者，乘雲氣，騎日月，而遊乎四海之外。」（〈齊物論〉）

在外雜篇則有直接表達的神仙思想：

「夫聖人，鶉居而鷇食，……千歲厭世，去而上僊，乘彼白雲，至於帝鄉。」（〈天地〉）

「吹呴呼吸，吐故納新，熊經鳥申，為壽而已矣；此道引之士，養形之人，彭祖壽考者之所好也。」（〈刻意〉）

這些描述，包括神仙家所謂的辟穀、胎息、導引、飛升，而其中「真人」一詞，遂成為秦漢時得道者、神仙的尊稱③。

二、秦始皇與真人

秦始皇三十五年，《史記・秦始皇本紀》：

> 「盧生說始皇曰：『臣等求芝奇藥仙者常弗遇，類物
> 有害之者。方中，人主時為微行以辟惡鬼，惡鬼辟，真人
> 至。人主所居而人臣知之，則害于神。真人者，入水不
> 濡，入火不爇，陵雲氣，與天地久長。今上治天下，未能
> 恬倓。願上所居宮毋令人知，然後不死之藥殆可得也。』
> 于是始皇曰：『吾慕真人，自謂『真人』，不稱『朕』。」

燕國方士盧生勸秦始皇要以恬淡治天下，行止要隱微，不
動聲色；居住要簡單，要隱避，不讓臣子知道和看見，才可以
避惡鬼，真人才會出現。也才能夠找到仙草、不死藥。這個方
士所標榜的真人，正是《莊子・大宗師》的真人。

在《莊子》中有不少屬於黃老思想的篇章，和盧生所稱人主
恬淡治天下的思想牟合。

> 「虛靜恬淡，寂寞無為，萬物之本也，明此以南鄉，
> 堯之為君也。」（〈天地〉）

> 「一心定而王天下，其鬼不祟。」（〈天地〉）

> 「聖人休休焉，則平易矣，平易則恬倓矣，……故其

德全而神不虧。」（〈刻意〉）

「古之治道者，以恬養知，知生而無以知為也，謂之以知養恬。」（〈繕性〉）

《莊子》這些資料，可能比盧生要早，也可能差不多同時，無論如何，盧生的恬淡思想是來自黃老的，但秦始皇根本不了解盧生恬淡的用心，只對「眞人」感到興趣，一心想要做「眞人」，不僅不能恬淡，還變本加厲的大興土木，把各處的行館甬道相連，讓他行蹤飄忽，到處遊樂，然後用嚴刑來對付宮人，禁止洩露他的消息。

最後使得盧生一批人對始皇的殘暴大失所望，而且也害怕找不到不死之藥，於是盧生等人終於逃亡，因此發生了歷史上著名的「阬儒」事件，秦始皇大怒，活埋了與盧生有關的四百六十多個「諸生」，太子扶蘇勸諫：

「天下初定，遠方黔首未集，諸生皆誦法孔子，今上皆重法繩之，臣恐天下不安，唯上察之④。」

史家都以爲扶蘇說錯話，被坑的都是術士，不是孔儒者⑤。

其實這批方士，同時也誦法孔子，並沒有錯，他們是兼儒家思想的黃老學者，又稱「文學方術士」⑥；在《莊子》的〈天地〉〈天道〉〈天運〉等篇都可以找到這樣的資料。

獨夫壓制人民越凶，反抗則越大，三十六年有隕石墜於東

郡，人民刻其石「始皇帝死而地分」，始皇盡殺其地人民。始
皇被詛咒而不樂，乃下令博士作〈仙眞人詩〉，當巡行天下時由
樂人演唱。博士是儒學經典博士，無奈的被迫作神仙之歌，來
比擬秦皇。這時沒有傳下文字，應該會引到《莊子》有關「眞
人」的文句與思想。

　　《史記・秦始皇本紀》引到《莊子・大宗師》的「眞人者，入
水不濡，入火不熱」等句，應該是司馬遷自己寫的，任繼愈的
《莊子探源》以爲司馬遷在〈莊子傳〉只引外雜篇名，認爲史公未
見過《莊子・內篇》，是不可信的。

貳、《莊子・齊諧》與〈大人賦〉

一、《莊子・齊諧》與漢武帝

　　權力越大的統治者，越是貪生怕死。秦始皇之後，最迷戀
神仙的，斯爲漢武帝劉徹，劉徹黜黃老、尊儒術，但卻深信受
黃老影響甚大的仙道，黃帝就是神仙的始祖。《史記・孝武本
紀》，司馬遷就把劉徹寫成爲一個整天作神仙夢的可憐蟲，並
詳細記載黃帝成仙飛升的經過。害得劉徹叫著：「嗟乎，吾誠
得如黃帝，吾視去妻子如脫躧（鞋子）耳。」黃帝封泰山，劉
徹亦封禪泰山，並多次祭拜黃帝。所用的人如李少君、少翁、
公孫卿，多爲黃老思想甚盛的燕齊方士⑦。

　　《莊子・逍遙遊》一開頭就舒展一幅海洋、鯤、鵬之氣象萬

千的畫面。這是取材於「海上燕齊怪迂之方士」⑧之言。《莊子》接下來即說:「〈齊諧〉,志怪者也。諧之言:『鵬之徙于南冥,水擊三千里,摶扶搖而上者九萬里,去以六月息者也。』」,這也正是後來漢武帝元封元年(公元前 110 年)東巡,「齊人之上疏,言神怪奇方者以萬數」⑨的同樣的社會背景。易言之,西漢齊人所上疏萬數的神怪奇方,可能包括戰國時的〈齊諧〉之言。

漢武帝又派數千人到海中神山求蓬萊神人,公孫卿到東萊,他報告說見到一個巨人,「夜見一人,長數丈,就之則不見,見其迹甚大,類禽獸。」又有其他人報告說:又看見一個老人牽狗說:「我要求見巨公。」(巨公,即巨人,報告者用來象徵武帝)忽然也不見。《史記》稱「上(漢武)既見大迹,未信,及羣臣有言老父(人),則大以為僊(仙)人也⑩。」

公孫卿等人不是因作夢或幻覺,就一派胡言,而其目的,都是要討好劉徹,「大」是大人,指神仙,也用來比喻漢武帝。

二、司馬相如的〈大人賦〉

道家老莊列都以「道」為大,以自然為大。《莊子·秋水》:

「至德不得,大人無己。」

「大人無己」,猶如〈逍遙遊〉的「至人無己,神人無功,

聖人無名」。東萊的巨人忽然消失不見，固然是神仙不易出現，也是「無己」的表現。盧生要秦始皇「微行」與這種思想有關。

古代以龍爲善變之物，《易·乾》爻辭有「潛龍」「見（現）龍」「惕龍」「躍龍」「飛龍」「亢龍」等六種動作的狀態，象徵著統治者的出處吉凶。而以「九五，飛龍在天，利見大人」最爲吉利。而大人亦是理想中的聖人，但到《易·乾·文言》稱：「龍德而隱者也，不易乎世，不成乎名，遯世無悶，不見是而無悶。」則是强調潛龍的隱藏功能。《文言》又稱：「大人者，與天地合其德，與日月合其明，與四時合其序，與鬼神合其吉凶。」又稱：「乘六龍以御天地。」這與《莊子·逍遙遊》中「至人」「神人」「聖人」的「乘天地之正，而御六氣之辯，以遊無窮。」意思是相同的。梁啓超以爲〈文言〉是受道家的影響⑪，的確，〈文言〉的思想很接近道家。司馬相如的〈大人賦〉是繼承了受道家影響的神仙方術，全文表達《莊子》的「以遊無窮」。

秦始皇想爲眞人，有〈仙眞人詩〉；漢武帝想爲大人，司馬相如就爲他寫《大人賦》，他描寫神化的聖人帝王，其實就是歌頌劉徹。〈大人賦〉：

「世有大人兮，在于中州⑫。」

這個大人，即上文所舉的《莊子》藐姑射之山的神人，亦即《列子》的「列姑射山在海河洲中，山中有神人焉⑬。」「中州」即「州（洲）中」，因與下文「留」字押韻而倒置，向來

多把「中州」解爲中國，不妥，州中爲河海相會的島嶼。

這個大人遨遊天地之間。〈大人賦〉：

> 「邪絕少陽而登大陰兮，與眞人乎相求。」

大人到達東極，又登北極，以與眞人相結合，比喻天子與神仙合一。難怪漢武帝看了這篇賦後「飄飄有凌雲之氣，似遊天地之閒意⑭。」後來揚雄對此大爲不滿，以爲「賦欲勸而不止」。《大人賦》反而助長了漢武帝的神仙思想⑮。

由於「眞人」與至、神、聖等人相混，到了東漢的《太平經》才有了明確的界定⑯。

參、《莊子・盜跖篇》與《史記・日者列傳》

一、日者

《莊子・盜跖》與《史記・日者列傳》，向來沒有人會想到有什麼關係，現且看以下探尋：

黃老知識分子寄身於市井民里的一種行業，就是占卜算命。因爲都要以干支記日，因稱日者爲《史記・日者列傳》，文中賈誼說：「吾聞古之聖人，不居朝廷，必在卜醫之中。」傳中的主人翁，叫司馬季主，漢初，爲老莊思想濃厚的楚人，褚少孫補《史記》說他「通《易經》、術黃帝、老子，博聞遠見。」

《易經》是卜筮之法，黃老則是思想的基礎。

舊說向來以〈日者傳〉與〈龜策傳〉等篇為「有錄無傳」，係西漢末褚少孫所補作⑰。考《史記‧太史公自序》：「齊、楚、秦、趙爲日者，各有俗所用。欲循觀其大旨，作〈日者列傳〉第六十七。」又〈日者傳‧贊〉：「古者卜人所以不載者，多不見于篇，及至司馬季主，余志而著之」，則知四地以楚人司馬季主爲代表。司馬遷在本篇明言「余志而著之」和〈龜策傳〉自稱：「余至江南，觀其行事，問……。」都是第一人稱的寫法，應是太史公自作。何況兩篇傳後，皆有「褚先生曰」，則前面本傳非「褚先生曰」至明。由於本傳富有道家思想、李長之以爲是司馬遷之父，亦太史公的「司馬談」所作⑱。的確，以齊、楚爲首的黃老思想，在〈日者傳〉中普遍的存在，除了引述《老子》之言，還引了《史記》少見的《莊子》，而〈日者傳〉與《莊子》最密切的是〈盜跖〉篇。

二、《盜跖》與《日者》的批判精神

《莊子‧盜跖》與《史記‧日者傳》，二篇的結構與批判精神很接近。

〈盜跖〉是以盜跖駁斥孔子和滿苟得反駁子張的二段文字爲主要部分。〈日者傳〉則是以司馬季主反詰宋忠、賈誼的對話。兩篇的形式近似對白的辭賦體。

〈盜跖〉篇是中國古代最嚴厲批判儒家與統治思想的一篇文章，它是以原始公有社會的立場，批判統治者不耕而食，僥倖富貴，以及其所塑造違背人性的俗世規律。並認爲世人所崇尚

的黃帝、堯、舜等才士聖人，「其行乃甚可羞也。」甚至懷疑統治者政權的合法性，「小盜者拘，大盜者爲諸侯，諸侯之門，義士存焉。」

〈日者傳〉中的司馬季主，以在野市井小民的立場，力陳官場所謂的「賢者」，「皆可爲羞」。而這些賢者無異是「操白刃劫人者」的強盜，甚至無異是「爲盜不操矛弧者也」的大盜。

〈盜跖〉結局是代表傳統的孔子說不過盜跖，自己心虛的跑出來，差一點斷送了一條命。而〈日者傳〉的宋忠、賈誼也都沒有好下場，宋被處死，賈則憂鬱而死。本傳最後說：「此務華絕根者也。」則是說明崇尚名利榮華的人，都是沒有好下場的。

雖然兩篇的立場，不盡相同。〈盜跖〉是莊子無君派的思想，全力攻擊儒家；而〈日者傳〉不少則是含有儒家的觀點。然而都是代表民間在野的弱勢羣體對在朝統治者的批判。

三、莊、馬相似的文句

此外，在文句上，可以看出作者受《莊子·盜跖》篇的影響：

《史記·日者列傳》	《莊子·盜跖篇》
尊官厚祿，世之所高也。	黃帝……此六子，世之所高也。

飾虛功執空文以調主上。	矯言僞行，以迷惑天下之主。
今公所謂賢者，皆可爲羞也。	其行乃甚可羞也，世之所謂賢士。
宋忠、賈誼忽而自失，芒乎無色，悵然噤口不能言，……再拜而辭。……出門僅能自上車，伏軾低頭，卒不能出氣。……宋忠見賈誼于殿門外，乃相引屏語相謂自歎曰。	孔子再拜，趨走，出門上車，執轡三失，目芒然无見，色若死灰，據軾低頭，不能出氣。歸到魯東門外，……孔子仰天而歎曰。

〈日者傳〉中，司馬季主所陳述的後半部分是以老莊之言爲典範，稱讚卜者有禮有德，對安定社會的貢獻很大，而不計較收入的微薄，是《老子》的「上德不德，是以有德」；同時卜者生活極爲簡單，以極少的需求，於「無限的時空」中，消費「用不盡的東西」。是《莊子》所謂：「君子內無飢寒之患，外無劫奪之憂，居上的而敬。居下不爲害，君子之道也⑲。」

四、自然定命論

司馬季主又稱卜筮者是依天地、日月、星象的自然變化現象而論：

> 「今夫卜者，必法天地，象四時，」

又說：

　　「日中必移，月滿必虧；先王之道，乍存乍亡。」

　　卜筮算命，取法於天象自然，自然皆是命運，則死存亡，
乍長乍短，縱使卜筮不準，也是命運。《莊子‧德充符》：

　　「死生存亡，窮達貧富，賢與不肖毀譽，飢渴寒暑，
　是事之變，命之行也。」

《莊子‧田子方》

　　「消息滿虛，一晦一明，日改月化。」

　　莊子把生命的智慧與壽命的變化，稱爲是「命之行」，這
是自然的定命論。司馬季主並沒有把自己當作通靈的神仙，承
認自己未必「言必信」，這就含有更多濃厚的道家自然思想。
　　最後司馬季主向宋忠、賈誼作個結論：

　　「故君子處卑隱以辟眾，自匿以辟倫，微見德順以除
　羣害，以明天性。助上養下，多其功利，不求尊譽⑳。」

　　這個君子，是道家黃老式的君子，要卑隱自匿，助上養
下，多其功利。《莊子》黃老派的〈天地篇〉稱：「用力少，見功
多者，聖人之道。」這些都正是《司馬談‧論六家要指》：「指
約而易操，事少而功多。」充滿了黃老式道家的特色。
　　以上可知《日者傳》有很深的道家色彩，作者吸取《莊子‧

盜跖》的文章形式與批判精神。司馬遷是看過〈盜跖〉篇的，他
稱《莊子》：「善屬書離辭，指事類情，用剽剝儒墨㉑。」他對
《莊子》文筆是肯定的，只是也許不會贊同如〈盜跖〉一樣的辭鋒
來攻詰儒家，但像〈日者傳〉揭露當朝權貴的偽善和吃人的面
貌，應該符合他的那種悲憤的心懷，所以〈日者傳〉應該還是司
馬遷所作㉒。不然，只能說大概是在褚少孫之前的一個被壓抑
的黃老學者所作。

註　釋

①拙作《道家起源新探》，《師大國文學報》17 期，1988 年。《虞人與莊
　子》，《國文學報》20 期，1991 年。

②《左傳·昭公二十年》

③始皇三十一年茅濛升天，其曾孫茅盈亦學仙道，稱太原眞人。見
　《史記集解》。

④以上皆見於《史記·秦始皇本紀》新校本，257～258 頁。

⑤陶宗儀《輟耕錄》卷二十五引蕭森希《通錄》，說見陳登原《國史舊
　聞·阬儒》明文版，314 頁。

⑥同④。文學，指儒家經典。

⑦以上見《史記》的〈武帝紀〉及〈封禪書〉

⑧《史記·武帝紀》455 頁。

⑨《史記·武帝紀》474 頁。《資治通鑑》新校本，二冊，678 頁。

⑩以上見《史記·武帝紀》，474～475 頁。

⑪梁啓超《古今偽書考及其年代》。

⑫《史記·司馬相如傳》。

⑬《列子·黃帝》。拙作《列子讀本》74 頁。

⑭《史記‧司馬相如傳》。

⑮《法言‧自紀》。

⑯《太平經，卷七十一》「六人生各自有命。……神人主天，眞人主
　地，仙人主風雨，道人主敎化吉凶，聖人主百姓，賢人輔助聖
　人。」王明合校本，289 頁。

⑰三國曹魏張宴。爲《漢書‧司馬遷傳》顏師古注所引。日本瀧岡龜太
　郎則以本傳部分著於褚少孫之前。

⑱李長之《司馬遷的人格與風格》。

⑲《莊子》佚文，今本未見。

⑳《史記‧日者傳》新校本，3220 頁。

㉑《史記‧老子韓非傳》新校本，2144 頁。

㉒中國易孟醇作〈史記版本考索〉一文對〈日者傳〉作者較詳細的說明，
　他亦主司馬遷自作，見王利器主編《史記注譯》第一冊。

（1992 年 4 月 12 日）

（國立台灣師範大學國文學報，21 期）

莊子盜論

統治結構中的權力、知識、道德之批判

前　言

盜賊是自古迄今依然存在的社會產物，古代封建社會統治者及儒家大多以統治者的立場來看盜賊問題，而道家卻比較能從社會結構來觀察。《莊子》是先秦典籍論盜最豐富的一書，其作者們進而認為統治者奪取最大的贓物——政權，就是大盜。並指出所謂的聖賢不斷為上層社會創造積累足以誘惑大盜的資源。因此，嚴厲的批判儒家所塑造的聖賢及其鼓吹的知識與道德。這些不僅是奪取政權的工具，亦且成為「盜亦有道」的包裝和統治結構的基礎。

本文分四部分：

一、儒、道論盜。

二、《莊子・則陽》論「盜竊之行」乃統治者之責。

三、《莊子・胠篋》論盜。

四、盜跖與《莊子・盜跖》論盜。其中三、四為主要部分。

一、儒、道論盜

　　盜是搶劫財物的人，大足以動搖政權的穩定，小足以影響
社會的秩序，歷代統治者莫不對之深惡痛絕。季康子患盜，孔
子對曰：「苟子之不欲，雖賞之不竊①。」道出盜賊是出之於
統治者對人民的壓榨。可惜除了這句話之外，儒家孔子及其後
的孟子對盜賊起因的社會問題，皆缺乏比較深刻的陳述。孔子
還站在統治者以禮義的立場向子路說：「君子有勇而無義爲
亂，小人有勇而無義爲盜②。」孟子的看法更糟，答覆弟子萬
章說：攔路搶劫的，可以「不待教而誅」，而萬章又問：諸侯
榨取人民，如攔路搶劫一樣，君子是否可以接受諸侯取自於人
民的饋贈？孟子居然對實問而虛答，認爲諸侯不是盜，君子可
以接受饋贈③。

　　道家老莊與儒家孔孟的見地大不相同。〈老子〉認爲盜賊的
起因是：

　　　　「絕聖棄知，民利百倍；絕仁棄義，民復孝慈；絕巧
　　棄利，盜賊無有。」（十九章）

　　　　「民多利器，國家滋昏；人多伎巧，奇物滋起，法令
　　滋彰，盜賊多有。」（五十七章）

　　這些文字，皆互文見義，因崇尚：「聖知」「仁義」「巧
利」「利器」「伎巧」等等之因，而產生「盜賊」之果。這些

因，是掌握在統治者手中，不是在「盜賊」本身的問題。尤其是統治者所鼓吹的「仁義」道德，反而是盜賊的溫牀，與孔子所說「無義爲盜」，正好背道而馳。而《老子》進一步指那些「服文彩，帶利劍，厭飲食，財貨有餘，是謂盜竽④。」直指這些窮奢極侈、飛揚跋扈的統治者本身就是强盜頭子。這是戰國時代，萬章能體會到諸侯是「盜」的一個背景依據。「盜竽」實在是了不起的命題。

二、《莊子・則陽》論「盜竊之行」乃統治者之責

莊子及其後學，在這樣的基礎上，對於盜賊及其互動的諸社會問題、價值觀，更有許多突破性的見識。這不僅是先秦諸子所僅見，即使漫漫數千年的東洋政治思想史上，亦堪稱異數。

《莊子・則陽》記一段故事：老聃的弟子柏矩，遊歷於齊國，看見一個犯了搶劫或再殺人的受刑者的屍體，他脫下自己的朝服覆蓋他，仰天哭叫著：「天下有大災難，你先遇害。禁令說：『不可爲盜，不可殺人。』但有了榮辱，大家只看到得失；有了貨財，大家只看到爭奪，統治者爲大家建立榮辱和聚積貨財的價值，使大家疲於奔命，永無休止的時候，要想不陷入這種境地，能夠嗎⑤？」柏矩繼續說：

「古之君人者，以得爲在民，以失爲在己；以正爲在民，以枉爲在己；故一形有失其者，退而自責。今則不然。匿爲物而過（本誤作「遇」）不識，大爲難而罪不

敢，重爲任而罰不勝，遠其塗而誅不至。民知力竭，則以
僞繼之，日出多僞，士民安取不僞！夫力不足則僞，知不
足則欺，財不足則盜。盜竊之行，于誰責而可乎？」

後半是說現今的統治者隱藏施政意圖而指責人民不知配
合，增加困難而歸罪人民不敢做，加重工作而懲罰人民不能做
好，延長征役途程卻加誅人民不能到達。因此人民心智力量用
盡，便以作假來應付。統治者每天發出虛僞不實的命令，士人
與人民怎不虛僞作假呢？力量不足就作假，心智不足就欺騙，
財用不足就竊盜，竊盜的行爲，要指責誰才是呢？

這是堪稱是極富有行政分析能力的士人所寫的政治報告
書，幾千年的封建社會，甚至猶包括今天皆是「日出多僞，士
民安取不僞」的狀況，而「盜竊之行」，當然是統治者、「君
人者」之責了。

此外，《莊子》的另兩篇〈胠篋〉〈盜跖〉，《史記・莊子傳》以
爲是「詆訾孔子之徒，以明老子之術」者。前者以竊國者爲大
盜，後者用盜跖來揶揄孔子，兩篇實是對統治結構中的權力、
知識、道德作極嚴厲的批判。

三、《莊子・胠篋》論盜

《莊子・胠篋》是古代漢字經典中少見的一篇視盜國爲盜財
的有系統的盜論。作者認爲盜的規模不斷的增大，以至於盜
國，乃是因爲有所謂「聖者」「智者」不斷在創造、發明東
西，以引誘和積累的規模。

文中用三個層次來說明：

㈠是普通的「盜」。即〈則陽〉所說的「財不足則盜」，他只是「胠篋、探囊、發匱之盜。」就是用手直接去打開箱子取東西的盜。

㈡是「巨盜」。當害怕篋、囊、匱被盜，智者便發明用繩索來綁，用鑰匙來鎖。那麼巨盜一到，就整個箱子，連繩帶鎖的一併扛走。

㈢是「大盜」。奪取依「聖知之法」所建立的國家。並以聖知來掩飾其盜竊行為，成為合法的政權。

㈠「聖知之法」

什麼是「聖知之法」，就是統治者用來統治政權的方法，包括統治國家的機關制度、行政區域及組織，以及宗廟、社稷，和一切統治文化與道德。相傳這些都是堯舜文武周公孔子等聖人所創造的，因稱「聖知之法」，依〈胠篋〉篇，可分三項來說明：

1、「立宗廟社稷」：

統治者立宗廟以祭祀祖先，並以定長幼親疏之禮。立社稷，以祀土、穀之神。宗廟、社稷皆為建立世襲制的國家政權之象徵。

2、「治邑屋州閭鄉曲」

建立邑、屋……，鄉曲等大小不同行政區域的統治機關及制度。

3、「盜亦有道」

「盜亦有道」為千古名言，把盜的過程，加以道德化。

「盜亦有道乎？……夫妄意室中之藏，聖也；入先，勇也；出後，義也；知可否，知也；分均，仁也。五者不備而能成大盜者，天下未之有也。」

這一針見血地戳破統治者所標榜的道德圖騰，揭露了德目背後隱藏的貪婪、虛偽的政治目的。〈胠篋〉的作者具有銳利的眼光。「妄意室中之藏」，打天下的開基帝王如文、武、周公都是聖人。「入先」，陳勝、吳廣屬之，爲「首難」的勇者⑥；「後出」本指殿後掩護撤退的強盜。歷史人物可指參與搶天下，而身陷其中不得出的項羽。《史記·本紀》稱他「滅秦，分裂天下而封王侯，政由羽出，號稱霸王。」也可指出居延千餘里以攻匈奴的李廣，後受匈奴包圍而不得歸降⑦。「知可否」，如張良、陳平可以當之。「分均」，劉邦是搶天下，分贓成功的典範，《史記》稱他攻城略地，多分給下屬，「與天下同利」⑧。

《莊子》作者進一步指出忠心耿耿爲統治者效勞的賢智者，並沒有好下場，如「龍逢斬，比干剖，萇夕脤，子胥靡，故四子之賢，而身不免乎戮。」他們看出「蜚鳥盡，良弓藏；狡兔死，走狗烹」⑨的歷史規律。從句踐之於文種，到劉邦之臧荼、韓信、陳豨、盧綰、諸「功狗」⑩……等等爲作者不及見的悲劇，不停的在其後中國舞臺上重複扮演。

㈡「竊鉤者誅，竊國者爲諸侯。諸侯之門而仁義存焉。」
這是東方先哲最偉大的言論之一⑪。這裡包括兩個命題：
1、盜最大的東西可以成爲合法。

帶鉤雖然名貴，但比起國家來，卻是芝麻小物，可是竊帶鉤的要刑要殺，竊國家的則可以成爲君主。《莊子》後學已認識到由「聖知之法」所建立的國家，將不能避免野心家的盜竊，因爲國君的權力滋味和財富享受，好處多多，不是用高官厚祿、或嚴刑酷法就可以塡塞那些「彼可取而代之」者的胃口，而把他們打發掉的，即所謂「雖有軒冕之賞弗能勸，斧鉞之威弗能禁。」而這些竊國者，本質上與竊鉤者並無軒輊，都是非道德的，完全沒有合法性。可是統治者利用權勢、僞裝道德，來營造一個合法性的形象。

2、道德是盜國和暴力的包裝。

現代民主國家的合法性，必須建立於人民同意的基礎上。古代沒有這個觀念，而是藉道德來掩飾其盜賊與暴力的本質。當野心家以「盜亦有道」的形式奪取政權後，新政權成立後，更是冠冕堂皇的鼓吹仁義道德，僞裝其不仁不義的手段和目標，此即所謂「諸侯之門，而仁義存焉。」

(三)「聖人不死，大盜不止」

道家基本上認爲人不能阻擋權力的誘惑，聖賢是創造權力的人，聖賢利用知識不斷積累上層社會財富、資源，儲存更大的權力，這將同時增加不公與不義，而造成社會更大的矛盾與危機，這是人民痛苦、禍害的根源，所以老學（十九章）莊學（《胠篋》）皆主張「絕聖棄知」。羅素也說過：「權力馴服問題，是一個很古老的問題，道家認爲是不能解決的，而主張無政府主義⑫。」因此釜底抽薪計，《莊子》後學大唱「聖人不死，大盜不止」，進一步發揮老學之意，要摧毀一切爲統治者

所用的文明。

> 「絕聖棄知，大盜乃止，摘玉毀珠，小盜不起；焚符
> 破璽，而民朴鄙；掊斗折衡，而民不爭；殫殘天下之聖
> 法，而民始可與論議。擢亂六律，鑠絕竽瑟，塞瞽曠之
> 耳，而天下始人含其聰矣。……削曾（參）史（魚）之
> 行，鉗楊（朱）墨（翟）之口，攘棄仁義，而天下之德，
> 始玄同矣。……彼曾、史、楊、墨、師曠、工倕、離朱，
> 皆外立其德而以燿亂天下者也，法之所先用也。」

這裡是最徹底的反智，智識就是「聖法」、「聖知之
法」，既是統治者享樂的工具、道德的飾物，又是控制人民的
桎梏。而且〈胠篋〉作者在篇末還特別強調智識將使天下大亂：

> 「上誠好知而無道，則天下大亂矣。……夫弓弩畢弋
> 機變之知多，則鳥亂于上矣。……故上悖日月之明，下爍
> 山川之精，中墮四時之施，惴耎之蟲，肖翹之物莫不失其
> 性。」

這將如同今日一樣，成了一個鳥獸滅絕、天地污染的公害
世界⑬；此外，奪取「聖法」而擁有國家者，一如奪姜氏之齊
的田成子一樣，可以「處堯舜之安，小國不敢非，大國不敢
誅」，如何不引起更多「大盜」的覬覦呢？所以根本解決之
道，就是沒有「聖知之法」、沒有「聖人」，讓「聖人」死
光，就沒有國家權力可盜，那麼大盜就不起了。

道家從不奢望權力、政治體系、道德教條能給人民帶來幸福。因此主張反璞歸眞，回到遠古的無政府時代之「至德之世」，過著不受國家、政治，和權力支配的自由生活。莊子不及見今日民主政治的優點，然而他們對知識的絕對不信任，歷史也證明他們並沒有錯誤，二千多年以來的中國帝王及二十世紀以後的統治者權力不是越來越大嗎？不是越來越中央集權嗎？

四、盜跖與《莊子・盜跖》論盜

〈盜跖〉篇大批孔聖人，禮敎日趨保守的宋明學者，吞不下這口氣，大罵「瘈（瘋）犬狂吠之惡聲⑭。」而清、民學者亦復忽略此文。殊不知就結構、就文筆看，是一篇好小說、好散文；就內容、就思想言，是一篇執之有故、言之成理的名作。《史記・日者傳》的思想與筆法就受此文的影響⑮。

首先我們了解盜跖是誰？其次再探討作者要把盜跖安排在怎樣的地位？爲什麼要以盜跖其人爲主人翁。最後再談盜跖對儒家與統治者文化的批判。

㈠盜跖及《莊子》盜跖

盜跖名跖，因爲盜而以「盜」字冠於名上。其人最早出現於戰國典籍，除《莊子》外，又見於《戰國策・齊策六》《孟子・滕文公下》《荀子・不苟》等，事迹不詳。《莊子》稱跖爲柳下季（即柳下惠）之弟，與孔子同時（《左傳》載柳下惠與孔子相去約一百年，不得見。）皆寓言，不可信。但其事後世如司馬遷

《史記》一再引述，應該確有其人。

　　諸書除《莊子》外，都視盜跖爲最暴戾最貪財的壞人，舉之與暴君夏桀⑯、大盜莊蹻⑰並列，而與聖人堯⑱、舜、禹⑲、高士伯夷⑳、許由㉑相對比、是古代典型化的反派人物，考諸文獻，跖的存在，似乎只是爲襯托那些聖八、高士的偉大、清高而已。

　　世俗的統治文化旣以褒貶對比的價值觀來頌揚聖人，與道家絕聖棄知的立場，是相互衝突的。

　　《莊子》引盜跖其人，除〈盜跖〉和〈胠篋〉篇外，主要尚有〈駢拇〉〈在宥〉兩篇，皆是自由主義，個人主義的無君派道家學者所作。基本上，他們並沒有把盜跖改造成爲世俗的「好人」，而是把世俗所非的盜跖，所是的伯夷、曾（參）、史（魚），雙方都加以否定，以爲前者爲利，後者爲名：

> 　　「其于殘生傷性，均也。奚必伯夷之是而盜跖之非乎？……又惡取君子小人于其間哉㉒！」

　　而且「聖人不死，大盜不止」，那麼，聖人的存在，正是大盜產生的源頭。

> 　　「曾（參）、史（魚）之不爲桀跖嚆矢也，故絕聖棄知，而天下大治㉓。」

　　此外在〈盜跖〉篇，記盜跖是「柳下季之弟」，孔子向柳下季說：「今先生，世之才士，弟爲盜跖，爲天下害，而弗能敎

也，丘竊爲先生羞之。」又說盜跖「不顧父母兄弟，不祭先祖。」這是反傳統反宗法的思想。〈胠篋〉的「聖知之法」的「立宗廟、社稷」以及〈盜跖〉中孔子所强調的「收養昆弟，共祭先祖」皆是統治者家族依血緣治國家的基礎。盜跖之兄，故意安排「聖之和者也」的柳下惠，「聞柳下惠之風者」可以使「鄙夫寬、薄夫敦」㉔。可是對自己的親弟弟卻毫無作用，這也是〈盜跖〉作者用以來挖苦「聖人」「柳下惠」的。

戰國齊國陳仲子，哥哥是上卿，食祿萬鍾，但他「以兄之祿爲不義之祿而不食也，以兄之室爲不義之室而不居也㉕。」到於陵種菜謀生。陳仲子大概就是儒者所說的「不顧父母兄弟」的人，這種反對封建禮教，主張「君子不素餐兮」，正是許多道家之士的態度。盜跖與陳仲子不同類型，但反對「聖知之法」則無二致。

(二)〈盜跖〉作者的用意

〈盜跖〉全篇分三則對白式的寓言，主要是前面孔子見盜跖的一則，原作者在此所寄寓的思想及目的，茲分析如下：

1、作者有意進一步利用這個被統治者極端鄙夷的盜跖，來批判以孔子爲首的儒家統治文化、道德，與國家政權。文中所稱「孔子」，實泛指戰國時代儒家思想與統治結構的文化道德。並提出「至德之隆」的無政府理想社會，爲終極的目標。

2、作者雖用戰國末的假設問答的辭賦文體，但措辭淺白，文氣雄暢，並以戲劇性的手法，來鋪張情節，首先介紹盜跖的行爲，而孔子不顧柳下季的勸阻，自告奮勇的前往遊說，未及見面，就被盜跖臭罵一頓，並恫嚇「將以子肝益晝餔之

膳」。全文刻繪孔子的卑躬屈膝之態，極其嘲諷愚弄之能事，算是中國典籍中最嚴厲批孔子、最醜化孔子的一篇古文。

3、作者對盜跖行為的敍述，大概依據當時的傳說，並未加以美化，如稱「盜跖從卒九千人，橫行天下，侵暴諸侯，穴室樞戶，驅人牛馬，取人婦女。……所過之邑，大國守城，小國入保（堡），萬民苦之。」可能如漢代赤眉、黃巾的農民軍隊的首領。但不是英雄，亦非所謂「人民革命領袖」㉖讓「萬民苦之」的盜跖之作為，絕不符合他所稱「至德之隆」的精神。作者由於對統治者理論及其文化的痛恨，而取民間的盜跖來對抗當朝的大盜。宛如平日被狼吞食的羊，幻想變成巨狼再去吞噬狼一樣，畢竟羊是從來沒有能力去吃狼的㉗。而作者既非盜跖，而盜跖也沒有力量去摧毀統治結構及其文化的。

(三)〈盜跖〉論盜

盜跖其人在文中，前後兩次指責孔子，認為孔子亦盜，茲以道家無君派的立場分別說明如下：

1、「作言造語，妄稱文武。」

「脩文武之道」

應該還包括「周公」，但因文字對仗而省去。「郁郁乎文哉；吾從周。」㉘孔子的理想，在恢復西周禮制。「仲尼焉學？」即學「文武之道」㉙，「禮者為忠信之薄」正是道家所反對的核心。

2、「冠枝木之冠，帶死牛之脅。」

「縫衣淺帶，矯言偽行，以迷惑天下之主。」

儒服、儒冠最為華麗，卻為虛偽者充當門面之用，「君子

有其道者，未必爲其服也。」魯國到處都是穿儒服的人，用以招搖撞騙。但知「道」者卻只有一人㉛。難怪後來劉邦對穿儒服冠來求者，「則解其冠、溲溺其中㉜。」

3、「多辭繆說。」

儒者向來好辯，好引經據典。《莊子・外物》記大儒帶小儒盜墓的寓言，大儒在外，小儒在穴中盜死者口中之珠。詠詩說：「青青之麥，生于陵陂，生不布施，死何含珠爲。」爲盜珠而美其名爲印證詩禮而「發冢。」

4、「不耕而食，不織而衣」

不耕不織是儒家之大病，也是數千年來統治階級的通病。孔子不事勞動，自稱：「君子謀道不謀食。耕也，餒在其中；學也，祿在其中㉝。」樊遲請學耕田、種菜，孔子罵他是「小人哉㉞！」因此當時道家先驅如荷蓧丈人已批評孔子爲「四體不勤，五穀不分㉟。」

5、「搖脣鼓舌，擅生是非，以迷天下之主，使天下學士不反其本，妄作孝弟，而徼倖于封侯富貴者也。」

「掌天下之辯，以教後世。……而欲求富貴焉，盜莫大于子。」

這裡可分二點來說：

一是儒者爲統治者所定下的仁義道德，成爲是非的標準，行爲的規矩。誠如李贄所說的「千百年而獨無是非者？……咸以孔子之是非爲是非㊱。」

一是宣揚仁義道德是有利統治者來鞏固政權的，因此可以得到統治者賜給的富貴名位。數千年來讀書人便屢屢出賣知識與理想而投靠權力，而得到「封侯富貴」，孔子要「待賈而

沽」㊲，甚至有要投附公山弗擾，佛肸、陽貨㊳的傾向。孟子學生公孫丑懷疑何以「君子不耕而食」。孟子則說：能爲國君來宣揚「孝悌忠信」，就能「安富尊榮」，何必要耕而食㊴。所以他「後車數十乘，從者數百人，以傳食于諸侯」㊵就全不在乎了。這正是章太炎所說的「儒家者流，熱中趨利，故未有不兼縱橫者」㊶。

6、「告我以大城衆民，是欲規我以利而恆民畜我也。」

孔子遊說盜跖，主要是向盜跖說：他願意替盜跖「造大城數百里，立數十萬戶之邑，尊將軍爲諸侯。」並向各國爭取承認，重新建立國際權力分配，然後「收養昆弟，共祭先祖。此聖人才士之行，而天下之願也。」這跟〈胠篋〉篇一樣，是聖人幫助竊國者的大盜成爲合法的諸侯，幫忙建造大城及行政區，以及立宗廟、社稷，爲大盜營造一個長治久安的政治局面，這就是「聖人才士之行」。這樣子，聖人明明也是大盜。盜跖發出千古不平之鳴：「天下何故不謂子爲盜丘，而乃謂我爲盜跖？」，在「盜亦有道」的眼中，似乎沒有一個上位者不是「大盜」。

7、「聖人」「其行可羞」

　　「賢士」「重名輕死」

〈盜跖〉舉「世之所高」的聖人六人，皆「以利惑其眞而强反其情性」，其中如「堯不慈，舜不孝」與傳統所言不同，道家爲古史及辨僞另闢蹊徑。另外「世之所謂賢士」六人，以及如〈胠篋〉所引的，其中比干、子胥二個「忠臣」，亦無好下場。這皆是作者反聖反知的說法。

㈣盜跖的主張

1、「至德之隆」

首舉有巢氏之民、知生之民，次舉神農時代人民安靜自得
的生活，「民知其母，不知其父」的羣婚社會，比〈胠篋〉的老
子式的「至德之世」更爲古老淳樸。

2、「悅其志意，養其壽命」

強調「人之情：目欲視色，耳欲聽聲，口欲察味，志氣欲
盈……丘之所言，……非可以全眞也㊷。」認爲人壽有限，天
地無窮，所以要悅意養命。類似楊朱的「全性保眞」㊸，亦似
它囂、魏牟的「縱性情，安恣睢」㊹。然雖思想近似，但〈盜
跖〉作者，應不屬於這兩派的學者㊺。

結　語

盱衡歷史與經濟的發展，凡尚未能眞正由人民來管理的非
民主的國家，其統治者不論如何僞裝，都是大盜；而任何社
會，用暴力或非正義的手段來奪取財物與權勢的，亦都叫盜。
盜帶鉤旣逐的小盜，盜天下旣逐的大盜，他們都是部分或全部
的取得財物的支配或分配權，本來這大、小盜都是罪惡的，然
而卻經常還能成爲榮耀，這端視他們的權力是否又支配了道德
的詮釋權。羅素稱：人類主要有兩種欲望，就是權力與榮耀。
然而「一般說來，獲得榮耀的捷徑是獲得權力㊻。」這就非常
的可悲，歷史上的榮耀，常是罪惡的化身。《莊子》後學們在兩
千多年前已經洞察了權力、財物、道德的遊戲方法，只可惜他

們永遠看不到民主社會的一線曙光：道德亦有可能成爲榮耀的光源，這是即將步入二十一世紀之時，我們可堪告慰的地方。

註　釋

①《論語·顏淵》。

②《論語·陽貨》。

③《孟子·萬章下》：「夫謂非其有而取之者盜也，充類至義之盡也。孔子之仕于魯也，魯人獵較，孔子亦獵較，獵較猶可，而況受其賜乎？」意思是說「非其有而取之者盜也」，這是提升到最嚴重程度的狀況才說是盜，而諸侯並非如此。還扯到與主題無關的孔子在魯國參加爭奪獵物的活動云云，來說明君子可以接受饋贈。朱熹知此說理不通，再曲爲注解：攔路搶劫還要「非其有而取之」才算是「眞盜」，諸侯只「非其有而取之」而沒有攔路搶劫，不算「眞盜」。朱注企圖以名理詭辯。孟子跟許多他不能解決的問題一樣，事實是不能說服萬章的。

④《老子·五十三章》。

⑤《莊子·則陽》：「今立人之所病，聚人之所爭，窮困人之身，便無休時，欲無至此，得乎？」

⑥《史記·陳涉世家》。

⑦《史記·項羽本紀》《史記·李將軍列傳》。

⑧《史記·高祖本紀》。按漢初厚饋軍功。見呂思勉《讀史札記·漢初賞軍功之厚》，565 頁。

⑨《史記·越世家》。

⑩劉邦稱有功於他建立政權的武將爲「功狗」，見《史記·蕭相國世家》。

⑪按《莊子・盜跖》作「小盜者拘，大盜者爲諸侯，諸侯之門，義士存焉。」又《史記・游俠列傳》引作「竊鉤者誅，竊國者侯，侯之門仁義存」，司馬遷接接下來稱「非虛言也。」

⑫羅素（Bertrand Russell）《權力論・十八章權力的馴服》，涂序瑄譯本，198 頁。

⑬詳見拙作〈莊子與自然生態・七、自然生態的維護〉，《中國學術年刊》12 期，19991 年 4 月，28 頁。

⑭王夫之《莊子解》。按有關〈盜跖〉與孔子的關係，另見拙作〈莊子書中的孔子〉，《師大國文學報》19 期，1990 年 6 月。

⑮拙作〈莊子的方伎其與史記關係之新探・下篇莊子・盜跖篇與史記・日者列傳〉，《師大國文學報》21 期，1992 年 6 月。

⑯《史記・鄒陽傳》。

⑰《史記・游俠傳》。按莊蹻，楚國大盜，又爲楚將。見《史記・西南夷傳》。

⑱《戰國策・齊策六》。

⑲《荀子・不苟》。

⑳《孟子・滕文公下》《史記・伯夷傳》《史記・賈生傳》。

㉑《史記・鄒陽傳》。

㉒《莊子・駢拇》。

㉓《莊子・在宥》。

㉔《孟子・萬章下》。

㉕《孟子・滕文公下》。

㉖中國學者多認爲盜跖是領導奴隸起義的「人民革命領袖」。如南開大學歷史系編的《古代史》上冊，98 頁。

㉗法國大革命時，一婦人裘琳（Jullien）致其子之信稱：「狼總是吃

羊，此際不就是羊吃狼的時候？」見卡內提（Elias Canetti）《羣
衆與權力，反叛性羣衆》，黃漢青等譯本，63頁。

㉘《論語・八佾》。

㉙《論語・子張》。

㉚《老子・三十八章》。

㉛《莊子・田子方・莊子見魯哀公章》。

㉜《史記・酈食其傳》。

㉝《論語・衞靈公》。

㉞《論語・子路》。

㉟《論語・微子》。

㊱明代李贄〈藏書紀傳目錄論〉。

㊲《論語・子罕》。

㊳《論語・陽貨》。

㊴《孟子・盡心上》。

㊵《孟子・滕文公下》。

㊶章太炎《章太炎選集・革命之道德》。

㊷按文意近似《列子・楊朱》「百年壽之大齊」章。

㊸《淮南子・氾論訓》。

㊹《荀子・非十二子》。

㊺按與〈盜跖〉同一類作者的〈駢拇〉〈胠篋〉〈在宥〉皆批評楊朱，則〈盜
跖〉作者似非楊朱一派。

㊻羅素《權力論・一章權力的衝動》，3頁。

（1993年4月12日）

（國立台灣師範大學國文學報，22期）

莊子與自然生態

前　言

　　地球的污染，生物的滅絕，陷當今人類於生死的困境。而解決困境之道，端賴環保的科學技術是難竟全功的，唯有兼顧思想價值的全面改造。人類幸福的追求，絕不是靠盲目的經濟生成，毫無節制的物質揮霍。人類必須認同人與千萬種的生命一樣是地球與自然的一部分，他不能污染和獨享整個地球。《莊子》是東西方上古自然生態思想最豐富的一本著作，足以提供我們重整思想價值的省思。本論文先從道家與自然地理的關係談起，然後分析萬物齊一、個體自足的哲學理論，再逐次探討莊子對動植物的關懷和對統治者破壞自然生態的譴責。最後以求尊重生物生存權和弱勢文化爲鵠的。全文有系統的從理論到實際分七大部分：

　　一、江海山林之士的故鄉。

　　二、天地萬物與我爲一。

　　三、萬物中的個體皆有自足的本性。

　　四、人蟲的物化。

　　五、以動植物爲主人的生命世界。

六、自然社會的純樸與平衡。

七、自然生態的維護與弱勢文化的重建。

一、江海山林之士①的故鄉

㈠淮水──道家的搖籃

道家是熱愛草木鳥獸的思想，是擁抱大地山河的學派。它起源於上古中國淮水北向支系的流域②，在今河南東部及安徽西北，老聃是苦縣人，莊周是蒙人③，兩地在睢水的南北兩側。在淮水流域上，水道縱橫，湖泊星列，水遂成為道家的第一物質，老子把水當作道的象徵：

> 「上善若水，水善利萬物而不爭，處眾人之所惡，故幾于道。」（八章）

> 「譬道之在天下，猶川谷之于江海。」（三十二章）

水，在天下普遍存有；存於萬物，存於生命。其性至柔，足以馳騁天下的至堅④；其性處低，如萬川歸於江海一樣⑤。水，成了生命的活泉，成了處世的準繩。

㈡莊周與大林丘山

在《莊子》書中，「水」字，亦多達 67 個，其他尚有「江河」「江湖」「江海」「淵泉」等與水有關的複詞。書中又記載，莊周所行經之處，有濮水⑥、濠水⑦。另《淮南子》稱莊子

在孟諸澤見惠施⑧，這些地方都是古代著名的江湖。

　　當莊子（約西元前 370～300 年）於戰國中葉之時，他的故里蒙，屬宋國，而接近魏、楚兩國。此地一帶，爲黃淮平原中屬「潤濕流水作用」的丘陵地⑨，高度不大，春秋以來，早已開發，墨子說：「荊有長松、文梓、宋無長木⑩。」宋國沒有高大的樹木。就是沒有森林巨木的天然植被，與南方的楚國不同，當時除農田外，大概多爲栽培的樹林⑪。莊周爲蒙的漆園吏⑫，恐怕是管理人工栽培漆樹的官吏⑬，戰國時漆器及工藝品所需的油漆料甚多，所以大量種植漆樹，以割取漆汁。《史記・貨殖列傳》稱：「山東多魚、鹽、漆、絲、聲⑭。」可以幫助說明莊子可能一度生活在漆樹林之中。

　　此外，他曾遊雕陵之樊⑮，這是有虞人管理且有籬笆圍著的樹林，當中有栗子樹，有隻大鵲飛到栗樹上，莊子手拿彈弓，不料看到在深林庇蔭中的一隻蟬被螳螂抓住，螳螂又高興的忘記自己，而被大鵲乘機抓住。莊子警惕的說：「都是得意忘形的結果。」馬上把彈弓扔棄，就走了。自然界的現象，啓發莊子的心智，莊子爲漆園吏，即漆園的虞人，他的生活，就是與山林爲件的。他的工作，就是禁止盜林，道家先驅辛甲，作〈虞人之箴〉，則莊子愛山林，也是職業上的覺醒⑯。

　　莊周一生活動的地區，有山林、水澤、湖泊、田野。在這綠色的空間中，活躍著許多的生命，水中之魚、空中之鳥，以及生機勃勃、形形色色的走獸、昆蟲，在山林哲學家莊子的心中，牠們都是與人類一樣，有獨立而不受支配的個體，牠們有權自由的生活在共同的大地上。而且就連大地也是莊子所認爲的存在主體，莊子說：

「大林丘山之善于人也，亦神者不勝⑰。」

是說山林丘山與人類相善相容，乃是宇宙間無窮的神妙。現在就從「天地萬物爲一」開始，進而探討萬物中自主的個體及人蟲的物化，以至於全面觀察莊子的自然生態思想。

二、天地萬物與我爲一

㈠萬物不分貴賤

天地與萬物，山川與衆生之所以發生，以及其存在與發展的總根源，莊子稱爲是「道」；道不僅不是遠遠的遙控萬物衆生，而是無形無爲的實存於萬物衆生之中。大到天地、山川，小到衆生的個體，甚至其局部，都是道所存在的實體。莊子〈齊物論〉所揭櫫的是：

「天地與我並生，萬物與我為一。」

「我」是天地萬物無窮盡中的一個自由的精神主體，不論它是一個生命、一個非生命，或它的部分，部分的部分……都可以叫「我」，「我」與天地及萬物是同時存在的，而且爲一共同存在的實體，這就是道。道的本體是混沌無形、虛靜無爲⑱。我，雖然在現象中的形體，何其渺小；生命的時間，何其短暫。與天地之廣闊，萬物之悠久，何止稊米與太倉，朝菌與大椿之懸殊。然而我與天地及萬物，皆是道的不同形式。道不因其作用之流衍轉變而異化。萬物的類別區分，空間的長短大

小，價值的貴賤賢愚，是沒有意義的，是不可解釋的，更是不能比較的。

現象雖異，本體則爲純一，許多世俗不同的物類、價值，其實是相同的，〈莊子〉說：

> 「莛（草莖）與楹（大柱），厲（醜女）與西施，恢恑憰怪，道通為一⑲。」

大小、美醜以及種種怪異之對比都是不存在的。而世俗的人、獸、貴賤、階級，根本也是不存在的。

(二)人同於禽獸

自古以來，人皆自詡爲「異於禽獸」⑳的萬物之靈，唯有聖人才可以踐人之形㉑。荀子說得更清楚：「人有氣有生有知，亦且有義，故爲天下貴㉒。」而殊不知人與萬物禽獸是同質的。天下之物，皆在天下，物類皆平等齊一。莊子說：

> 「若夫藏天下于天下而不得所遯，是恆物之大情也。特犯人之形而猶喜之。若人之形者，萬化而未始有極也，其為樂可勝計邪！故聖人將遊于物之所不得遯而皆存㉓。」

人隨自然而生，成爲人形，與千千萬萬有形的生命皆是道的產物，人之爲人，並不足以爲喜，與禽獸都是「天地之委形」㉔，非自己所有，乃是天地之一氣所聚而已。《知北遊》

說：

> 「人之生，氣之聚也，聚則為生，散則為死㉕。」

以道來看，所有萬物沒有貴賤，貴賤只是自我意識的顯露而已。《秋水》：

> 「以道觀之，物無貴賤；以物觀之，自貴而相賤
> ㉖。」

同理，我雖小而不小，天地雖大而不大，因為：第一、道體同質，無可區分。第二、若以現象的大小相對比，則小有更小，大有更大。第三、時空可以割裂。任何一物，都有獨立的自我、獨立的時空，不能相替相合的。所以〈齊物論〉稱：

> 「天下莫大于秋毫之末，而大山為小；莫壽于殤子，
> 而彭祖為夭㉗。」

天下沒有比動物秋天新生的毫毛的末端更大的東西，而以世人認為最高的泰山為小；沒有比夭折嬰兒更長壽的，而以世人認為是長壽的彭祖是短命的。人與萬物同質一體，那麼萬物的特稱（Particular）也是萬物的全稱（Universal）。因此〈齊物論〉又說「天地一指也，萬物一馬也」。人，何嘗不是馬呢？所以〈至樂〉稱「馬生人」。

㈢物種生於土又返於土

天下雖品類物種之多難計，盛衰消息之變難測，但天下終歸天下所有，性命雖然消失，肉體依然安眠於天地間的巨室㉘。〈在宥〉：

> 「百昌皆生于土，反于土㉙。」

說生物由塵土又化爲塵土，是所謂「楚人遺弓，楚人得之。又何求焉㉚。」莊書透過老聃之名說：

> 「草食之獸不疾易藪，水生之蟲不疾易水，行小變而不失其大常也。……天下也者，萬物之所一也。得其所一而同焉，則四支百體將爲塵垢，而死生終始將爲晝夜而莫之能滑㉛。」

生態系統中的變化，無損於質量不變的規律；小矛盾，不影響大統一。在生態循環中，生生死死，生物之生與死如晝夜之不息㉜，如四時之代行㉝。生命對個人是最珍貴的，面對死亡，是人生的大課題。自上古以來思想家對此，不是訴諸鬼神、天命，就是只談愼終送死的宗教行爲，只有莊子學派以理性認知，用大量的文字來探討生死的問題。

對個體言，有生即有死；對族羣言，一死即有一生。因之，生即死，死即生。即莊子所說：「方生方死，方死方生㉞。」因此面臨生命的到來或離開，根本不必喜悅、畏懼。善

待吾人之生，就是要善待吾人之死㉟。莊子塑造一個自然的眞知者叫眞人，眞人不知悅生惡死。

> 「古之眞人，不知說（悅）生，不知惡死；其出不訢（欣），其入不距（拒）㊱。」

㈣莊周的天葬

據《莊子》書說，莊子將死，弟子要厚葬他。莊子拒絕的說：

> 「吾以天地為棺槨，以日月為連璧，星辰為珠璣，萬物為齎送。」

就是要把天地間的日月星辰萬物當作他的殉葬品，這一份葬具，算得是無與倫比的厚重，但事實上是暴屍天葬，所以他的弟子說：「我們恐怕烏鴉老鷹吃掉老師呀！」莊子的回答是：

> 「在上為烏鳶食，在下為螻蟻食，奪彼與此，何其偏也㊲。」

這是很瀟灑的話，地上不給鳥吃，地下螞蟻還是要吃，何必光讓螞蟻獨享呢。這一件事恐怕不是事實，中國人並沒有像西藏人把屍體丟給老鷹吃的天葬，而且莊子是無鬼神論者，受他教育的學生還主張厚葬，是不合理的。莊周要棄屍不埋，也

有違常情。墨子提倡薄葬，猶言「衣三領，足以朽肉；棺三寸，足以朽骸㊳。」即使是西漢王王孫不穿衣的裸葬，最後還是埋在土中的㊴。

雖然如此，但莊周的這幾句話，足見其廓然大公於自然萬物的進步思想，與當時窮奢極慾的封建統治者的愚昧厚葬，何啻天壤之別。

上古因厚葬而遺留到今的少數貴族古屍㊵，雖可爲考古科學研究之資料，但並非人類在生態系統中的處理方法，它表現的是貪婪、自私和無知而已，人類一生近百年中殺戮無數生靈，在食物鏈中成爲最高級消費者，最大的回饋就是把他的遺體化成大地的養分，歸還自然。近代，且利用新技術把所謂的偉人，製成愚弄人民的肉身偶像，然後佔據在廣大土地的陵園上，做爲一個抗拒自然律的異形物。這恐怕比莊子所說的被供奉在廟堂之上的千年死烏龜更沒有意義㊶。

三、萬物中的個體皆有自足的本性

(一)性命之情

莊子一方面強調道之於萬物的永恆性、周遍性，一方面亦主張萬物的個體有其自足性、自主性。莊周後學對自足的本性稱爲「性命之情」。

所謂「性命之情」就是自然命定的本性，它是隨不同的物類的存在而存在。道無爲無形、造化萬物，具有同質性；但有形有爲的萬物的自性，彼此卻是異質性的。只不過這異質是自然命定的，就道而言，它亦是同質的。

〈駢拇〉用很好的比喻來詮解㊷，在人羣中就自然有許多不同的才情與表現，如聲音、行爲、言談，這些對不同人皆存有不同的稟賦，然而像師曠、曾參、史鰌、楊朱、墨翟等世俗所認爲的才士，就忽略人人皆有不同的才情，勉強世人向自己看齊，這就有失「天下之至正」了。至正就是自然的正道，在自然正道之下，萬物都有不同自我的「性命之情」，它是不能被壓迫改變的。〈駢拇〉的原文：

> 「彼至（一作正）正者，不失其性命之情。故合者不爲駢，而枝者不爲跂；長者不爲有餘，短者不爲不足。是故鳧脛雖短，續之則憂；鶴脛雖長，斷之則悲。故性長非所斷，性短非所續。無所去憂也㊸。」

鴨，腿短，不必羨慕鶴長；鶴長，也不必羨慕鴨短，萬物皆肯定自我完備之本性，沒有優越的權威，不必接受別的標準，來否定自己。

同樣，也不以自己的標準，去改造別的個體。

有隻鳥飛到魯國郊外㊹，魯君用車子把鳥載回廟堂，奏帝王之樂，供牛羊豬太牢的美食。但鳥一口也不吃，三天就死了。這是以待人的方法來待鳥。人以爲舒適，但對鳥是摧殘。鳥的本性是要讓牠飛到深林、江湖、自由翱翔才是，這就是「命有所成，而形有所適」㊺，生物的性命，有其獨自生成的本質，而形體外貌也有其適應環境的作用。在大自然的生命，萬物都是不踰越自我的本性，所以「鷦鷯巢于深林，不過一枝；偃鼠飲河，不過滿腹㊻。」

(二)萬物軀體的部分皆有自主性

莊子不僅視生命的個體有性命之情，而且視生命軀體各部分，亦有獨立的生命。即一個生命可以分割到無數單元的小個體，這乃是莊子以道在萬物之中，是超現象的形上主體，而形而下的現象，並非眞實的，軀殼的生死，對永恆的道體，是毫無影響的，軀殼與萬物都是可以無限分割的。莊子有段故事，有子桑戶、孟子反、子琴張三個方外之士相交友。子桑戶死，兩人唱歌，子貢疑惑，回來問孔子，孔子以道家的立場，告訴他：

> 「彼方且與造物者爲人，而遊乎天地之一氣……。惡知死生先後之所在！假于異物，託于同體，忘其肝膽，遺其耳目；反覆終始，不知端倪；芒然彷徨乎塵垢之外，逍遙乎無爲之業⑰。」

人類世世代代，生生死死的傳遞下去，是宇宙中的諸現象之一。個體的執生執死或執先執後，皆是無意義的。尤其個體乃是氣之所聚，它假借不同的器官、組織，最後再共同寄託一個大軀體組合而已，我們何不把人賴以耳目之娛的耳目，標榜膽肝相照的膽肝，加以遺棄呢？讓生死反覆的循環而永不知它的分野。

了解了耳目、肝膽可獨立於身軀之外，才能完全理解以下要談的人獸物化的關係。

四、人蟲的「物化」

㈠物質生態的循環

既然個體的軀殼，是個假象，而存於諸個體的道，才是眞實的，那麼所有的個體，都是相同的。「東郭子問于莊子曰：『所謂道，惡乎在㊽？』」是非常有名的一章對話：

東郭子問：「道在那裡？」莊子說：「無所不在。」東郭子又問：「具體指出才可以。」莊子只好逐次的指出：「在螞蟻。」「在稊稗。」「在瓦片。」最後則就是「在尿、糞」。

道不可指，舉目無不是道。莊子只好指出，從世俗認定的低賤的小動物，到令人嘔心的大小便，而不以人或人所珍貴的黃金美玉，說明不同物質形式之客觀存在的相同意義。是打破階級、品類的區割性、貴賤性，使之有相互的流通性、循環性。

僅就動物物種而言，莊子亦強調他們的同本源、同本質的關係：

> 「夫昭昭生于冥冥，有倫（萬物）生于無形，精神生于道，形本生于精（氣），而萬物以形相生，故九竅者胎生，八竅者卵生。其來無迹，其往無崖……日月不得不行，萬物不得不昌，此其道與㊾！」

不論是胎生、卵生，都是代代相生，而種族與個體生命的源頭與歸宿，是無痕無蹤，他們都是大道化生，存在是沒有什

麼特別意義的。

　　道的物質形式是精氣，化生有形體的萬物；但是道又是精神的主體，有絕對的自由，終究不得不衝破形體軀殼的枷鎖，讓物種自由變化，讓氣不斷可以改變組合，但由於道是源頭，也是歸宿。所以萬變仍要返於道的大規律，這就是物質世界的循環，即是「行小變而不失其大常」⑤。列子「種有幾」章即反映這種思想：

　　　　「種有幾：若蛙為鶉，得水為㡭，得水土之際，則為
　　　　蛙蠙之衣；生于陵屯，則為陵舄。陵舄得鬱棲，則為烏
　　　　足。烏足之根為蠐螬，其葉為蝴蝶。蝴蝶胥也，化而為
　　　　蟲，生于竈下，其狀若脫，其名曰鴝掇。鴝掇千日，化而
　　　　為鳥，其名曰乾餘骨。乾餘骨之沫為斯彌，斯彌為食醯。
　　　　頤輅生乎食醯，黃軦生乎九猷，九猷生乎瞀芮，瞀芮
　　　　生乎腐蠸。……羊奚比乎不箰，久竹生青寧，青寧生程，
　　　　程生馬，馬生人，人又反入于機。萬物皆出于機，皆入於
　　　　機⑤。」

　　這一章我當有專文詮釋⑤，大意說物種有極微小的物質元素「幾」（機），在水中是水舄，在濕地是蝦蟆衣，在丘陵地是陵舄（以上三種皆車前草異名），然後變為烏足草，又化金龜子的幼蟲蠐螬，再變蝴蝶、蟋蟀……果蠅、蛾繭、蚊、螢火蟲……鶉、鸇、布穀鳥、燕、蛤蜊、田鼠、鶉、母羊、猿猴、大黃蜂、細腰蜂……蜻蛉、青寧蟲……最後「馬生人」⑤，又歸化為「幾」。

按動物可能有遺傳的變異，但只限於同目科，不同目科生殖細胞染色體不同，不可能交配而有生殖功能的。中國古書不少變種的記載，可能是因神話、想像，或觀察錯誤使然⑭。

〈至樂篇〉此章作者的目的，是在顯示人與所有生物有相同的物質元素，在大自然生態系中彼此相互循環、依賴。即《寓言篇》所說：

> 「萬物皆種也，以不同形相禪，始卒若環，莫得其倫，是謂天均⑮。」

天均⑯，自然的平衡，萬物以不同的形體相互演化，如圓環一樣，周行不殆⑰。在西方德國也有類似的故事，波丹德斯（Baldanders）是個突變物的靈魂，他變為人、橡樹、母豬、肥腸、苜蓿、糞、花……最後又變回人。他記下施洗者約翰〈啟示錄〉的話：「我是始，也是終。」這與莊子自然無神的思想不同，但萬物遞變，終歸於始的意義則相同⑱。

㈡夢──人蟲物化的媒介

此外，莊子還透過夢做為人與動物物化的媒介，動物都可稱為蟲。《集韻》：「蟲，裸毛羽鱗介之總稱。」

莊周夢為蝴蝶之後，翩翩然的真的只知道自己為蝴蝶；但醒後，分明自己是莊周，這就是人與蟲的物化。

> 「不知周之夢為蝴蝶與？蝴蝶之夢為周與？周與蝴蝶，則必有分矣。此之謂物化⑲。」

　　莊周與蝴蝶是二個不同的軀體，有各自的自我意識，使得
彼此不知對方，但卻都是道的實體之所繫，都歸入生態系統之
循環中，可是兩者畢竟是不同的外貌，不能眞正的變形，因此
用夢做爲既區隔又溝通的媒介。夢，就形體的變化而言，稱爲
物化。物化⑩，是自由擺脫形體的羈絆，自由的隨萬物的蛻變
而蛻變，遺忘自我的生死，融合物我的對立，這種開闊的世界
觀、熱愛蟲豸、禽獸的道德觀，二千多年後由衷的讓世界村的
居民肅然起敬。

　　《莊子》後學借用孔子向顏回談及魯人孟孫才，母死而不哀
的事而說：

　　　　「彼（孟孫才）有骸形而無損心，有旦宅而無情死。
　　……且也相與『吾之耳』矣，庸詎知吾所謂吾之乎？且汝夢
　　爲鳥而屬乎天，夢爲魚而沒于淵。不識今之言者，其覺醒
　　者乎？其夢者乎⑪？」

　　即認爲孟孫才能悟解形體改變而心神不損，軀殼轉化而本
性不死。世人總是以爲自己的身軀「就是我了」，我就是我
嗎？如果你夢爲鳥高飛於天；又夢爲魚深入於水。那麼現在我
們的議論是覺醒之時，還是夢中的那一個時候呢？時、空的交
錯，現在我哪裡知道我不是鳥呢？或不是魚呢？

　　長梧子對瞿鵲子批評孔子的話，也加以批評說：「孔丘和
你都在作夢，而我現在說你們在作夢的事，也是夢！」接著又
說：「是其言，其名爲弔詭」⑫。

　　長梧子是對「說（悅）生惡死」的批判，生之於死，若當

作醒之於夢：而醒與夢（甚至還有「夢中之夢」）的世界在當時的感受都是真實的，只是不知彼此世界的存在，這種彼此不知彼此的狀態，稱為弔詭⑥，弔詭與〈齊物論〉上文的「恢恑」及「憰怪」⑥是同義的，都是指詭異而不可知的意思。卡夫卡（Kafka, F.）《蛻變》的男主角「戈勒各爾‧薩摩札」從夢中醒來，發現自己變成一條大毒蟲，故事從此展開。但究竟是真的醒過來，還是反而是夢，這是弔詭。不過以莊子觀之，生死夢醒，皆「道通為一」，所以也不必認真的去求知。

弔詭，是物化中的一個過程，只要能隨萬物之蛻變，即能解脫對生死懸掛的心結，這又稱為「懸解」⑥。

依佛洛伊德的名言：「夢，完全是有意義的精神現象，實際上是一種願望的達成，它可以算是一種清醒狀態精神活動的延續」⑥。那麼，莊子所嚮往的「夢蝶」「夢鳥」「夢魚」是用以來達成自由逍遙的願望，也就是佛氏所說的「方便之夢」（dream of Convenience）⑥。

(三)臭腐與神奇

《莊子》另有一則寓言：子祀、子輿、子犁、子來四人皆能視死、生、存、亡為一體的人，四人為友，子輿生病，變成駝背，頭彎到肚臍下，他泰然自處，說：「即使我肉體上的左臂變成雞，右臂變彈丸，屁股變車輪，精神變馬。則雞……馬四物都要發揮牠們各自的本性功能。」不久，子來病將死，子犁向他說：

「偉哉造化！又將奚以汝為，將奚以汝適？以汝為鼠

肝乎？以汝為蟲臂乎？」

意思是說偉大的自然造化者啊！在你死後，重歸塵土，你
是要被化為鼠的肝，還是蟲的腳呢？子來答：

> 「今大冶鑄金，金踊躍曰：『我且必為莫邪，』大冶必
> 以為不祥之金。今一犯人之形，而曰：『人耳！人耳！』，
> 夫造化者必以為不祥之人。今一以天地為大鑪，以造化為
> 大冶，惡乎往而不可哉⑱？」

造化的大道如一大熔爐，被熔的金屬如被要求熔為寶劍，
一定是不好的金屬。現在造化偶然化成人之形，這個形迫不及
待就叫：「我是人！我是人！」這一定不是好的人。我在天地
的熔爐中，被化成什麼都是一呀！倘若被化為世人所認為的低
賤之物，也未嘗不可呀，因為根本沒有低賤之物。

生命如果可以選擇，世俗當然都要做人，做帝王將相，不
然也要做權貴的耳目，而莊子選擇的是鼠肝、蟲腳。像唐代趙
州與文遠兩禪師相爭做為低劣物，為驢，為驢胃，為驢糞，為
糞中蟲一樣（《五燈會元》第四卷）。高貴的人類，可以與低賤
的蟲豕糞便相互轉化；人體的部分，可以又獨立的化成另一個
體，而且人體的全部，也可以化成一個體的部分。人的右手可
以是雞，人的全身也可成為蟲的一隻腳。人以「其所美者為神
奇，其所惡者為臭腐。臭腐復化為神奇，神奇復化為臭腐。故
曰：『通天下一氣耳。』」⑲

人與禽獸、昆蟲都是一氣之聚，在自然界中，價值沒有什

麼兩樣，臭腐與神奇都是不存在的。所有生物死亡都要腐爛，
由分解菌分解，分解爲有機物，化大地之中，然後長出植物，
植物再被草食或雜食動物食用。草食動物再被肉食動物所吃，
最後包括人在內的肉食者，還有英雄偉人都要重歸塵土，進入
生態系統的循環之中。這樣鼠的肝，會沒有人的成分嗎？

　　莊子沒有生態學的知識，也沒有鬼魂的思想，也沒有如佛
教的轉世輪迴的觀念。然而他能以「低賤」的生命爲自己的生
命，能以他們的血脈緊緊的和自己的心臟相繫在一起。

五、以動植物爲主人的生命世界

㈠動植物不是爲人類而生存的

　　由上文討論，可知自然界的生命，都是有獨立的自我，誰
也不是主人翁。莊子特別強調人以外的動物、植物，絕對不是
爲人類而生的；動植物的價值，也絕對不是以人的價值爲價值
的。

　　動物生活中最好的住處「正處」，魚、猿猴便與人不同，
最好的食物「正味」，鹿、蝍蛆、烏鴉，也與人不同。最好雌
配偶「正色」，人以毛嫱、西施爲最美麗，可是動物（如果是
雄的）看到她們都會害怕，魚深入水中，鳥高飛天空，鹿也跑
走了⑳。「沈魚落雁」的美女，正因爲魚、鳥都不喜歡的原因
才得名的。所以動物不必與人相同。「魚處水而生，人處水而
死，彼必相與，其好惡故異也」㉑。這就是上文所說的「命有
所成，形有所適」的道理。

　　此外，莊子以無用之木，來比喻無用而有用。匠石到齊國

伐木，經過一棵高大的千年櫟樹，不看就走了，學徒們追上來說：「我們帶著斧頭跟師父走，從來沒看過這樣美的木材，師父爲何不看就走呢？」匠石回答：

> 「散木也，以爲舟則沈……是不材之木，無所可用，故能若是之壽。」

匠石批評櫟樹是閒散無用的樹木，才能享長壽。匠石回家後，櫟樹便託夢給他說：

> 「若與予也皆物也，奈何哉其相物也？而幾死之散人，又惡知散木⑫！」

櫟樹站出來說話了。就人來看，因人以爲櫟無用而使櫟享天年。但就櫟樹而言，它不承認是無用的，它根本不必存有用無用的價值。莊派學者用浪漫手法，將櫟樹擬人化，以樹看人，則人與樹都是物。匠石對櫟樹來說，一樣是閒散而無用的人。

《列子》裡有一則故事：齊國當權者田氏在祭宴上說：「上天對人民太厚重，長五穀、生魚鳥給人民吃。」座上客都附和，只有一個姓鮑的孩子說：「不然，天地萬物與人類同生，沒有貴賤，只以大小智力高低相牽制，相食用，不是一物爲一物而生的，人只是取可吃的東西吃罷了。哪裡是上天爲人才生萬物呢？如你所說，那麼蚊蚋咬人皮膚，虎狼吃人肉，不是上天爲蚊蚋、虎狼來生人皮人肉呢」⑬？這是以道家自然生態觀

來駁斥上帝爲人造萬物的目的論⑦，雖然是符合科學的論證，但莊子並不愛強調人與禽獸相爭的一面，他看到調諧和好的一面。因爲人類是強者，他應該主動去關心愛護那些遠比人更純眞的可愛生命。

㈡以動植物爲師

中國儒家傳統是以人爲中心來觀照萬物，主宰羣生的。《論語》強調聖人身居宇宙天地萬物的中樞，讓萬民羣生拱衞⑦。統治者以自己之德如風，人民之德如草，風吹哪裡，草就倒在哪裡⑦。在《禮記・中庸》稱聖人擁有天下之至誠，可以贊助天地之化育，可與天地之功鼎足爲三⑦，〈月令〉是帝王依天候時令排定的一年之月管理表，當中雖然有禁止在某些季節月分不可伐木，殺幼蟲，搗鳥巢，取鳥蛋，抓幼獸、幼鳥的命令⑦，基本上是怕竭澤而漁之鞏固經濟利益的措施。

至大的權力再加上高的道德，就可以呼風喚雲，作君作師。這就是莊子及其後學所批判的思想。黃帝要「吾欲取天地之精，以佐五穀，以養人民，吾欲官陰陽，以逐羣生。」雲將要「我願合六氣之精，以育羣生……。而民隨予所往……。」黃帝、雲將都想要作英明的領袖、民族的救星，黃帝被廣成子罵：「所欲官者，物之殘也」⑦。就是要管的都是廢物殘渣。雲將被鴻蒙罵：「毒哉！僊僊乎歸矣」⑧。毒害萬物，摸鼻子回去吧！

儒家以統治者爲師，莊子以禽獸爲師，有黃老政治思想的莊子後學的理想政治是效法樹枝和野鹿。

「至德之世……上如標枝，民如野鹿，端正而不知以
為義，相愛而不知以為仁⑧。」

以標枝為真正的義，以野鹿為真正的仁，因為動植物並沒
有人類的機心，刻意去標榜道德，所以連人類惡毒形容為「虎
飽鴟咽」「狼子野心」的虎狼，莊子居然說它們：「虎狼，仁
也⑫。」

照儒家所說，人有仁義，才為天下貴。但人藉仁義之名，
為非作歹，既虐殺同胞，又荼毒生靈。如果人還存有與動物一
樣自食其力的勞動本性，早也已隨扭曲人性的社會制度而異化
（ Alienation ）了。所以莊子發現普天之下，唯有禽獸最純潔
可愛，是契合本真的自然之道。

「聖人工乎天而拙乎人（無己譽）。失工乎天而俍乎
人者，唯全人能之。唯蟲能蟲⑬，唯蟲能天。全人惡天，
惡人之天，而況『吾天乎』『人乎』⑭。」

（道家的）聖人能巧合於天然，拙於使人不稱譽自己（的
天然）。能巧合天然，又能善於不讓人稱譽自己的，只有全德
之人才能。唯有鳥獸生物能自足於他們自我的本性，能夠完全
契合天然。鳥獸就是有全人的性格，全人厭惡有天之名，厭惡
人所造作的天然，能完全擺脫「契合於天」，以及「人所稱讚
的天之名」。也唯有鳥獸能達到高於「聖人」的境界。宋人林
希逸稱「唯蟲能蟲，唯蟲能天，此八字極妙。」⑮，深得我
心。

六、自然社會的純樸與平衡

㈠重回純樸的自然社會

戰國時代是由三家分晉及齊國田氏奪姜氏政權等一連串的大變革開始的，又由於鐵器的興起、農技的進步，使各國無不擴張武力來廣土衆民，以獲取經濟發展的果實。到戰國下半葉，莊子的時代，魏、齊等國相互稱王（公元前 334 年）[86]，與周王並尊，强權對峙激烈，戰爭規模更大。活躍於國際間的政治家、思想家，人才輩出，風起雲湧。如商鞅、淳于髡、申不害、蘇秦、張儀、孫臏、許行、孟軻、宋輕、惠施、屈原、愼到、田駢之流。絕大多數皆爲統治者施謀獻計，以圖富國强兵，一統天下，雖有少數爲一己理想，奔走天下，但皆徒勞無功。統治者以名利來引誘天下士人入彀，知識成了統治階級鞏固權力、束縛人性的工具。

貴族社會的統治文化，包括禮樂制度、宮苑建築、美術工藝、服飾飲食，不斷的精緻求新，然而被統治者所受的痛苦也不斷加重，尤其是整個社會人性的疏離、精神的空虛，處處顯出社會的發展與人類的幸福是悖道而馳的。這就是戰國下半葉《莊子》作者羣所面臨的社會面貌。

面對這樣的社會，《莊子・外雜篇》的作者羣積極的提出他們所嚮往的原始的淳樸社會的架構，這固然繼承莊周（〈內篇〉爲主）的思想，同時也受老聃、春秋時隱者如長沮、桀溺、荷蓧丈人[87]，受農家許行[88]等原始勞動社會思想的影響。

莊子所揭示的理想社會，就是要掙脫人爲而重回純樸的自

然社會，換言之即要拋棄人類所謂的文明，恢復與草木鳥獸同居的氏族社會。唯有拋棄那些束縛人性的文明，才能重歸自然之道。莊子之道的擬人化的人物有「至人」「神人」「聖人」⑧，聖人用的最多。但不少篇章指的是傳統的聖人，反而與道家聖人相悖⑩。倒是「至人」是最純一的，莊子的理想社會就是「至人」或「至德」的時代。

「夫至德之世，同與禽獸居，族與萬物並，惡乎知君子小人哉！同乎無知，其德不離，同乎無欲，是謂素樸；素樸而民性得矣。及至聖人（即傳統聖人），蹩躠（勉強）為仁，踶跂（用心）為義，而天下始疑矣⑨。」

「神農之世，臥則居居，起則于于，民知其母，不知其父，與麋鹿共處，耕而食，織而衣，無有相害之心，此至德之也。然黃帝不能致德，與蚩尤戰于涿鹿之野，流血百里。堯舜作，立羣臣，湯放其主。武王殺紂。自是之後，以強陵弱，以眾暴寡。湯武以來，皆亂人之徒也⑨。」

綜合上述，這個理想的社會是：1、尚是羣婚的母系氏族社會。2、與禽獸相居的公有制農耕社會，3、道德純樸，無知無欲的社會。4、沒有「君子」「小人」之分的無階級社會。這個社會才是幸福的，因為黃帝以後的發展正好相反，封建家族制、私有制、階級制以及貪婪多欲的人性，使社會走向爭奪與戰爭，而且是強凌弱、眾暴寡。

　　莊子看不到秦漢以後的統治者，但就他以退化的史觀推演，經二千多年到今天，完全符合他的邏輯，人類的貪婪、殺人的規模、社會的不公，每況愈下。試看：美國政府以反對侵略爲名，每天花五至十億美元的炸彈、飛彈傾盆投至伊拉克，然而光是非洲衣索匹亞一國就有百萬飢民，每天有四萬人死於營養不良或飢餓⑬，1991 年年初國際小麥或玉米的一噸價格都有 130 美元左右，5 億美元可買 385 萬噸的穀物，即一天的殺人費，足足可以供衣索匹亞全國飢民二年的食用。

　　莊子在〈庚桑楚〉有一則中國最偉大的預言：

　　「大亂之本，必生于堯舜之間，其末存乎千世之後。千世之後，其必有人與人相食者也。」

　　現在已經過了千年，人之相殺相食，越演越烈，如不知幡然醒悟，人將自我相食殆盡。

㈡大自然的平衡——永無災害與匱乏

　　莊子熱愛大自然，熱愛原野山林，然而大自然蘊藏著無限的天然災害，像洪水、火山、地震、風雪，甚至猛獸，都足以使人民蒙受到極大的災難。古代官方對天然災害，都是向山川之神祭祀⑭。而莊子並不重視這些災難，因爲他認爲自然界的現象是屬於自然的。自然現象如水、火等物，並非爲害人而存在的。代表道的至人或眞人是無所畏懼這些傷害的：

　　「至人，神矣！大澤焚而不能熱，河漢沍（凍）而不

能寒，疾雷破山而不能傷，飄風振海而不能驚㊄。」

　　「有真人而後有真知。何謂真人？……登高不慄，入水不濡，入火不熱㊅。」

道不會受萬物傷害，同樣不傷害萬物。

　　「聖人處物不傷物，不傷物者，物亦不能傷也㊆。」

　　聖人也是至人，他與萬物互不相傷。道是無所不在的，聖人與物，其實就是萬物之相互間是不相傷的。山林皋壤的生命，在春秋四時，生生不息。所謂「春氣發而百草生，正得秋而萬寶成㊇。」

　　平心而論，上古天然災害，對人民的威脅是不爭的事實，然莊子既不訴諸鬼神，也不加以詛咒，乃是特別強調人與自然的血脈相連的和諧關係。這和他對禽獸的立場一樣，上古必須狩獵或避猛獸，則勢必與野生動物產生對立，而莊子同樣美化、淡化人與動物的緊張關係，而主張與禽獸同居。時至今天，一則地球森林銳減，二則已不必賴狩獵野生動物為生。則我們應更懂得欣賞莊子對野生動物的態度了。

　　此外，莊子又提出自然資源及食物不虞匱乏的看法。

　　自然食物鏈有個鐵律，就是保持各種動植物在生態中相互依存的平衡關係。人類古代勞動生活與後世相比，當然很艱苦，但就自然而言，所有生命追求生活，又何嘗比人舒適？人類之所以能活著，就意味著在天然食物鏈中有足以讓人類立足

生存的條件。這就是莊子所說的叫「天鬻」⑨，「藏天下於天下」。就莊子以天下來看天下之人，就沒有食物匱乏的問題了。所以「德人」的社會是：

> 「財用有餘而不知其所自來，飲食取足而不知其所從，此謂德人之容⑩。」

原始社會的人類，在有限的生活空間中，生產或擷取僅足以維生的生活資料，每天雖為飲食奔波，但確實不必費心探索飲食的來源，如北極冰天雪地中的愛斯基摩人，亞馬遜河雨林中的印第安人，台灣高山中的原住民。自然之道自然就讓大地有足夠的食物⑩「物不疵癘，而年穀熟」（〈逍遙遊〉）。倒是有了所謂「國家」，就有戰爭與奴役；有了所謂「文明」，就有享樂與破壞。人類大饑饉多是政治與征服的產物。

七、自然生態的維護與弱勢文化的重建

㈠破壞自然生態的罪孽

莊派學者一方面重組自己所追求的自然社會，一方面嚴厲的抨擊破壞自然之道的統治者。他們把農神視為純樸社會的最後階段，而把黃帝當做開始利用巧智破壞自然，戕賊人性的始作俑者。黃帝是周朝統治者華夏民族的祖先，是「國家」的創立者，而被統治的東夷族之道家（參見注②），視黃帝為「衆暴寡，强陵弱」時代的開始，以下包括堯、舜、三皇五帝，都是「亂天之經，逆物之情」的人物⑩。《莊子》原文有四處批評

這些聖人破壞自然的資料，分別說明如下：

1、相傳黃帝立為天子十九年，他的政令通行天下；到崆峒山問廣成子「至道之精」如何來「官陰陽，以遂羣生。」廣成子罵他：

> 「自而（你）治天下，雲氣不待族（聚）而雨(B)，草木不待黃而落(E)，日月之光益以荒矣(A)⑩ 。」

2、又鴻蒙是自然的元氣，他罵在政治上想要有所作為的雲將說：

> 「亂天之經(H)，逆物之情(H)，玄天（自然）弗成(H)；解（驚）獸之羣(F)，而鳥皆夜鳴(F)；災及草木(E)，禍及止（一作昆）蟲(G)。意，治人之過也⑩ 。」

3、又〈胠篋篇〉有一則譴責統治者的好智的文字，智者發明了各種屠殺捕捉禽獸魚類的利器，攪亂大自然的規律。

> 「上誠好知而無道，則天下大亂矣。……弓弩畢弋機變之知多，則鳥亂于上矣(F)；鉤餌罔罟罾笱之知多，則魚亂于水矣(F)；削格羅落罝罘之知多，則獸亂于澤矣(F)。……故天下每每大亂，罪在于好知。……故上悖日月之明(A)，下爍山川之精(C)，中墮四時之施(D)，惴耎（蠕動）之蟲，肖翹之物，莫不失其性(G)。甚矣，夫好知之亂天下也⑩ 。」

4、又《莊子‧天運》作者以老聃之言，來批評孔儒以三皇
五帝爲聖人，而他們正都是破壞自然的罪魁。

「余語汝，三皇五帝之治天下，名曰治之，而亂莫甚
焉。三皇之知，上悖日月之明(A)，下睽山川之精(C)，中墮
四時之施(D)。其知憯（毒）于蠆蠆（蠍子）之尾。鮮規之
獸，莫得安其性命之情(H)⑩。」

《莊子》作者不知今天地球自然環境污染及野生動物滅絕的
嚴重性，然而我們把以上四段資料歸納，居然涵蓋了今天地球
所有遭受污染、破壞的各種景觀現象。從(A)到(H)八種，分別附
注在《莊子》原文中。

(A)(1)日月不明：空氣、大氣的污染。

(B)雲雨不常：水災、旱災、酸雨的污染。

(C)山川失精：大地、山丘及水的污染，農業、重金屬的污
　染，還有地層下陷、沙漠擴大。

(D)四時寒暑失序：氣候失常，如溫室效應造成地球溫度升
　高。

(E)草木受災，不是秋冬而落葉：森林的濫伐、植被受酸雨
　污染。

(F)禽獸魚類的殺捕及驚動：野生動物的殺戮與滅種。

(G)昆蟲遭禍：農業、殺蟲劑的濫用與污染。

(H)本性、「性命之情」不安：生命本質與生態平衡的破
　壞。

今天地球自然環境遭受空前的浩劫，號稱「已開發」的富

國人民仍繼續大量消耗資源、追求物質享受，而提供資源與人力的第三世界人民卻直接蒙受大部分的公害。然而地球愈來愈小，人類將無一能倖免全球性的污染，地小人稠的台灣，將更格外嚴重。而所有控制公害的技術，都是治標的，事倍功半的，唯有釜底抽薪：減少消費、平均所得才是根本之圖。所以如何改變資本主義的消費價值觀，放棄經濟成長的功利政策才是人類新文明的新課題，道家抑制人性異化的思想足以讓人省思。《莊子》學者，銳利的眼光，是超越數千年的。

(二)尊重生物獨立的生存權

上文〈胠篋篇〉談自然中的鳥、魚、獸，皆有其獨立的生存權，雖然有相食的現象，那是屬於生態循環中的行為，而人類卻無所不用其極的來發明抓這些野生物的工具，趕盡殺絕，然後稱快。

〈馬蹄篇〉說盡了馬被人凌辱的慘狀。一羣馬本來是為自己而活的，牠的蹄，為自己踏霜雪；毛，是用來抵禦外在的風寒，吃草飲水，到處跳躍，是馬自我的本性。然而不幸被伯樂抓去，用各種方法磨練，大半的馬就被折磨死光了，剩下存活的再加上馬銜、馬彎……來控制⑩。可憐的馬違逆牠的本性，來讓人奴役。莊子看這事是深惡痛絕的。鳥就要讓牠飛，烏龜就要讓牠在泥巴中爬。任何生命，都要尊重牠的自我的本性。卡夫卡有隻半貓半羊的雜種動物，他仍然尊重它生存的權利，養到牠自然斷氣為止⑩。

莊派學者認為人對動物只要不存私心，一伸出友誼之手，動物就欣然接受。

> 「至德之世，……萬物羣生，連屬其鄉，禽獸成羣，
> 草木遂長，是故禽獸可繫羈而遊，鳥鵲之巢可攀援而闚
> ⑩。」

《列子》有一則漁夫與海鷗交遊的故事⑩。現代著名的動物行為學家勞倫茲（Konractz Lorenz）也有與許多鳥類、獸類發生情感的實例⑪。人類只要心存愛心，禽獸並非全不可溝通，「與狼共舞」（Dances with wolves）者與狼的感情，絕不是偶然的。當然動物有自我的本性，人不是都可以親近的，然而同是地球的住民，牠們有生存的權利，也有不受人類奴役、虐待、殺戮的權利。由此可見，莊子是人類愛護動物的先驅者。

㈢弱勢文化的重建

對生物中鳥獸昆蟲的關愛，意味著人類必須重視人類中的弱勢團體、弱勢文化。

莊子對原始社會的嚮往，把後世所認為的「野蠻社會」的價值凌駕於有文物衣冠的「文明社會」之上，這是值得我們重視的。人類學者、歷史學者都公認原始社會的經濟、社會、兩性的倫理比現代人要「文明」多了。早期的台灣的原住民，美洲的印第安人等民族的倫理行為，皆足以讓現代人汗顏⑫。道家肯定原始社會純眞的道德是符合歷史事實的。

莊子反對戰爭，更反對世俗所謂的聖君去攻打小國。堯想要討伐宗、膾、胥敖三國，始終放不下心。莊子借用舜的話去反駁：「三小國像小草一樣。你還放不下心嗎？從前十日並

出，普照萬物草木，你這個有德的人怎麼還要去打人家呢？」
⑬每一個民族和上文所說的個人或動物一樣有其獨立的生命本
性和自我尊嚴。美國好萊塢從屠殺印第安人為英雄的西部片，
轉變為尊重印第安人的「與狼共舞」的趨向，象徵文化覺醒的
開始。

　宋人穿北方衣冠，把衣冠賣到東南越族，當時越族短髮紋
身，用不著衣冠。和印第安一樣裸體並不是野蠻⑭。

　每一個民族都有獨立的文化、藝術、語言，不容被強勢的
物質文化的民族所消滅與同化。每一個弱勢的文化或被統治的
文化有爭取獨立自立自主之權。

　　「南海之帝為儵、北海之帝為忽、中央之帝為渾沌。
　儵與忽相與于渾沌之地。儵與忽謀報渾沌之德，曰：『人
　皆有七竅，以視聽食息，此獨無有，嘗試鑿之。』日鑿一
　竅，七日而渾沌死⑮。」

　本要報答渾沌，以為渾沌無竅，幫他打竅，結果把他打死
了。原因是渾沌是渾沌，與另二帝不同，絕對不能以自己的價
值，強加別人之上。

　今天地球上許多被撕裂、踐踏的民族，如中亞的庫德族
（Kurds），歐洲的吉普賽人（英國叫他們 gypsy，他們自稱
Roma 人）……等都有極悲慘辛酸的民族史。人類要如莊子視
萬物羣生，為血胤一體世界觀的來尊重少數民族及其文化，像
中國的少數民族，台灣原住民文化皆有其自我的價值與尊嚴。
人類若是真正的走向文明之途，必須善待人類中無數的自我個

體，庶幾可以與高貴的草木鳥獸之本性相匹配。

　　本論文以「弱勢文化的重建」作結，乃是莊子所揭櫫的自然之道與其嚮往原始社會，兩者是分不開的。而今天弱小民族一方面除有本民族的特質外，亦較多保有與自然生態契合的生活方式，足資借鑑和尊重。一方面他們在富國强勢文化的壟斷下盲目追求現代化過程中，被砍去森林，奪去資源，接受富國所拋棄的污染工業，成爲替他人作嫁衣裳的垃圾場，這是人類的理性與良心所堅決反對的。

　　所以動物生存權和弱勢文化的尊重，是重整人類思想價值的基礎。唯有這樣，才有希望解決地球公害的問題，這既是古代莊子的思想主體，也是現代人所必須努力的鵠的。

註　釋

①《莊子·天道》：「以此退居而閒遊，江海山林之士服。」《莊子集釋》，王孝魚點校本，457 頁。本論文《莊子》頁碼，皆依此本。

②拙作〈道家起源新探〉，《師大國文學報》，17 期。1988 年 6 月。

③《史記·老莊申韓列傳》。按苦縣在今河南鹿邑縣，蒙在今河南商丘市東北。

④《老子》四十三章：「天下之至柔，馳騁天下之至堅。」

⑤《老子》六十六章：「江海所以能爲百谷王者，以其善下之。」

⑥《莊子·秋水》：「莊子釣于濮水。」，603 頁。

⑦《莊子·秋水》：「莊子與惠子遊于濠梁之上。」，606 頁。濠梁，濠水的石堤。一說橋樑。

⑧《淮南子·齊俗訓》：「惠子從車百乘，以過孟諸，莊子見之。」孟諸，孟諸澤，又稱孟豬、盟諸，爲蒙古東北約二十公里的古湖泊

見《中國歷史地圖集》一冊，39 頁。

⑨「中華人民共和國地圖集」中國地貌，第十圖，地圖出版社。

⑩《戰國策卷》三十二，《宋策》。

⑪黃盛璋《中國歷史自然地理》，38 頁。

⑫《史記》本傳。漆園，亦地名，因種漆樹得名。

⑬楊寬《戰國史》第二章第三節。

⑭《史記》卷一二九。山東，泛指崤山或華山以東的黃淮地區，或戰國時秦國以東的諸國。

⑮《莊子·山木篇》，695 頁。

⑯虞人，古代掌管山林水澤的官。《禮·月令》：「命虞人入山行木，毋有斬伐。」辛甲，漢志爲道家，《虞箴》見《左傳·襄四年》）。

⑰《莊子·外物》，939 頁。

⑱《莊子·大宗師》：「夫道，有情有信，無爲無形。」，247 頁。《莊子·天道》：「夫虛靜恬淡，寂寞無爲者，萬物之本也。」，457 頁。

⑲《莊子·齊物論》，90 頁。

⑳《孟子·離婁下》：「人之所以異于禽獸者幾希。」

㉑《孟子·盡心上》：「形色，天性也。惟聖人然後可以踐形。」

㉒《荀子·王制》。

㉓《莊子·大宗師》，243 頁。

㉔《莊子·知北遊》，739 頁。

㉕《莊子·知北遊》，733 頁。

㉖《莊子·秋水》，577 頁。

㉗《莊子·齊物論》，79 頁。

㉘《莊子·至樂》：「人且偃然寢于巨室。」，615 頁。

㉙《莊子・在宥》，384 頁。

㉚劉向《說苑・至公篇》。

㉛《莊子・田子方》，714 頁。

㉜《莊子・至樂」：「假之而生生者，塵垢也。死生爲晝夜。」，616 頁。

㉝《莊子・至樂》：「形變而有生，今又變而之死，是相與爲春秋冬夏 四時行也。」，615 頁。

㉞《莊子・齊物論》，66 頁。

㉟《莊子・大宗師》：「大塊載我以形，勞我以生，佚我以老，息我以死。故善吾生者，乃所以善吾死也。」，242 頁。

㊱《莊子・大宗師》，229 頁。

㊲以上見《莊子・列禦寇》，1063 頁。

㊳《墨子・薄葬・中》。

㊴《漢書・王王孫傳》，新校本，2907 頁。

㊵最著名的古屍爲 1973 年湖南長沙馬王堆出土漢墓第一號漢文帝時 所葬的軑侯利倉之正妻的遺體。

㊶《莊子・秋水》，604 頁。

㊷以下見《莊子・駢拇》，314 頁。

㊸《莊子・駢拇》，317 頁。

㊹《莊子・至樂》，621 頁。

㊺《莊子・至樂》，620 頁。

㊻《莊子・逍遙遊》，24 頁。

㊼《莊子・大宗師》，268 頁。

㊽《莊子・知北遊》，750 頁。

㊾《莊子・知北遊》，743 頁。

(50)見注㉛。

(51)《莊子・至樂》，625 頁。又見於《列子・天瑞》。

(52)拙作〈莊子列子「種有幾」章的新解〉，《大陸》雜誌，五十九卷、第 2 期。1979 年 8 月 15 日。又見拙作《列子讀本・天瑞篇》「種有幾」章注，三民書局。

(53)馬，一說馬莧草。《史記・六國表》有秦孝公二十一年「馬生人。」的記錄。

(54)如《大戴禮記・夏小正》：「三月，田鼠化爲鴽。鴽，鵪也。……八月鴽爲鼠……九月……雀入于海爲蛤。」大概鵪鶉與田鼠同時寄生在田野，春天鶉鳥多，田鼠少，秋天相反，古人遂誤爲二者互變。

(55)《莊子・寓言》，950 頁。

(56)又稱天鈞。《莊子・齊物篇》：「休乎天鈞。」，70 頁。

(57)又稱道樞。《莊子・齊物論》：「彼是莫得其偶，謂之道樞。樞始得其環中，以應無窮。」，66 頁。

(58)見波赫士（Jorge Luis Borger）《想像的動物》（The book of imaginary Beings），楊耐冬譯本，31 頁，志文出版社。

(59)《莊子・齊物論》，112 頁。

(60)今天俗稱的「物化」，是「物質主義化」（materialize），與莊子物化不同。

(61)《莊子・大宗師》，275 頁。

(62)《莊子・齊物論》，97～105 頁。

(63)今天社會上濫用弔詭一詞，有三種情形。一是指矛盾現象。二是詭譎難測。三是指邏輯的詭論（Paradox），即前提 P，可推出非 P；非 P，則推出 P。又譯爲詭局或悖論。

(64)《莊子・齊物論》釋文引簡文帝：「恢，作弔。」即恢恑，通弔詭。

㉖《莊子‧大宗師》：「安時而處順。哀樂不能入也。此古之所謂懸解也。」，260頁，又有關物化、懸解，參見王煜《老莊思想論集》，377頁。聯經。

㉖佛洛伊德《夢的解析》，第三章「夢是願望的達成」。

㉖同㉖。

㉖《莊子‧大宗師》，258～262頁。

㉖《莊子‧知北遊》，733頁。

㉗《莊子‧齊物論》，93頁。

㉗《莊子‧至樂》，621頁。

㉗以上「匠石之齊」章，見《莊子‧人間世》，170～172頁。

㉗《列子‧說符》。說明見拙作《列子讀本‧說符》三十章注，278頁。三民書局。

㉗王充《論衡》的〈變動〉、〈物勢〉篇有相同的說法。

㉗《論語‧爲政》：「子曰：爲政以德，譬如北辰，居其所而衆星拱之。」

㉗《論語‧顏淵》：「孔子曰：君子之德風，小人之德草。草上之風，必偃。」

㉗《禮記‧中庸》：「唯天下至誠……則可以贊天地之化育……則可以與天地參矣。」朱注二十二章。

㉗《禮記‧月令》：「孟春之月……禁止伐木，毋覆巢，毋殺孩、蟲、胎、夭、飛鳥、毋麛、毋卵。」注疏本289頁，藝文館。

㉗黃帝、廣成子事，見《莊子‧在宥》，379頁。

㉗雲將、鴻蒙事，見《莊子‧在宥》，386頁。

㉗《莊子‧天地》，445頁。

㉗《莊子‧天運》，497頁。

⑧林希逸《莊子・口義》：「蟲，鳥獸百物之名。」卷二十四，23
   頁。

⑧《莊子・庚桑楚》，813頁。（無已譽）係就上句之遺意，加以補充
   說明，並非原文戌馱丁字。

⑧見注⑧。

⑧《史記・六國年表》，周顯王三十五年。

⑧《論語・微子》。

⑧《孟子・滕文公》上，《呂氏春秋・上農》。拙作有〈農家研究〉，1974
   年國科會獎助論文。

⑧《莊子・逍遙遊》：「至人無己，神人無功，聖人無名。」成玄英
   疏：「至言其禮，神言言崇，聖言其名。……其實一也。」，17
   ～22頁。

⑨如〈馬蹄篇〉的「聖人」。又《老子》也有一聖二義的情形。

⑨《莊子・馬蹄》，336頁。按孔子認為「鳥獸不可與同羣。」（《論
   語・微子篇》）

⑨《莊子・盜跖》，99～995頁。

⑨見台灣支援非洲「飢餓三十小時」活動之報導。1990年11月17
   日《中國時報》。

⑨《史記・孔子世家》：「山川之神，足以綱紀天下。」

⑨《莊子・齊物論》，96頁。文字依王叔岷校釋本。

⑨《莊子・大宗師》，226頁。

⑨《莊子・知北遊》，765頁。

⑨《莊子・庚桑楚》，771頁。

⑨《莊子・德充符》：「天鬻者，天食也。」，217頁。

⑩《莊子・天地》，441頁。

⑩杜蘭（Will Durant）《世界文明史・文明的建立》：「Peary 問一個愛斯基摩人嚮導：『你在想些什麼？』對方回答說：『我沒有什麼要想，我有足夠的肉食。』」幼獅本，10 頁。

⑩《莊子・在宥》，389頁。

⑩《莊子・在宥》，379～380頁。參見⑤、㈡。

⑩《莊子・在宥》，389頁。參見⑤、㈡。

⑩《莊子・胠篋》，359頁。

⑩《莊子・天運》，527頁。

⑩《莊子・馬蹄》，330頁。

⑩波赫士《想像的動物》。

⑩《莊子・馬蹄》，334頁。

⑩《列子・黃帝篇》。

⑪勞倫茲《所羅門王的指環》（ King Solomons Ring ）。

⑫參見周憲文《台灣之原始經濟》。12～28頁。台灣銀行出版。杜蘭《世界文明史・文明的建立》，23～25 頁。

⑬《莊子・齊物論》，89 頁。

⑭《莊子・逍遙遊》，37 頁。

⑮《莊子・應帝王》，309 頁。

（ 1991 年發表於德國慕尼黑國際中國哲學年會）

（國立台灣師範大學國文研究所，

國文學術年刊，12 期，1991 ）

「種有幾」章生態循環的新解

前　言

今本《列子》如果與魏晉人有關，則該書可能是《列子》注者張湛的祖父張嶷所編選的，他是晉山陽郡高平縣王家──王宏、王弼的堂弟王始周的外甥。王宏父親王業是王粲的嗣子，王粲在漢末得到蔡邕庋藏的龐大圖書。後來，西晉亡，王家東渡，基於學術思想的需要，張嶷便把從舅家得到的《列子》殘卷──《楊朱》、《說符》等篇，作為《列子》的骨架，然後以晉人時代的觀點，大量抽取可能也是王家舊藏的秦漢或先秦道家或有關敍述列子的資料，而編成《列子》。而這些道家的資料，同時又被編入《莊子》五十二篇本中，即所謂孟氏及司馬彪本，這個本子亡佚於隋唐，其內容可能如陸德明所說的「言多詭誕，或似《山海經》，或類占夢書。」這與今本《列子》的內容也相似，此外，還有許多的證據，都足以證明今本列子的部分與莊子五十二篇本的部分是同一個資料來源。

今天《莊子》《列子》兩書中字句大致相同的有十九章，「種有幾」便是其中一章。這一章是先秦接近自然的道家知識份子所寫的，他們在動亂的社會中，跳出自己所屬的統治圈子，走

向田園、草原、山林、水澤，投入勞動，自食其力，在遼闊而
寧靜的自然景觀中，但見生機盎然的草木，和爲求生存而奔馳
飛舞的動物羣，於是自然的生物便與自己的思想相結合了。這
就是爲什麼古代較多記載動植物生態的漢文書籍，都是要接近
鄉土農民的，如《國風》、《二雅》、《九歌》、《離騷》、《莊子》、
《列子》等作品。

　　這一章不是爲科學研究而寫的報告，而是在當時文化的基
礎上，來闡發道家的宇宙觀。作者以浪漫的手法，用「一氣之
變，所適萬形。」（張湛《列子注語》）來說明「天地與我並
生，而萬物與我爲一。」（《莊子・齊物論》）的最高原理。因
此，在這樣受到知識水準的客觀侷限和生化的主觀機械論的兩
重束縛下，我們不可能發現這些話能符合科學的進化論。然
而，它畢竟認識到人只是生物中的一支，且不能免於生態的循
環，這與聖人神化的觀點大異其趣，它在思想燦爛的年代裡是
極有意義的。

　　漢字古書有豐富的科學史料，從這些史料去了解古代先人
賴以生存的自然景觀和先人所創造的科技工藝，才能徹底了解
古代的歷史文化，在二十世紀末科學日新月異的今天，對古代
文獻的梳理，絕不能憑樸學家關著門搞紙上作業，而必須依賴
考古學、自然和社會科學的新知，並與相關的專業研究者合
作，才能有所發現。尤其古代名物、雅學，若僅憑傳統的知
識、方法，必然只能在程瑤田、王念孫、郝懿行等人的影子中
瞎摸。如就典籍中的生物資料而言，那可說是古人在生活實踐
中的觀察的記錄。因此文史學者必須虛心的向生物學科學習，
從分類、分布、形態、生態、演化等領域，把古書生物資料與

現代生物學溝通起來，這對歷史文化的探索，科學史的研究，都是非走不可的方向。

　　本章同時見於《莊子・至樂》和《列子・天瑞》，以《列子》文字比較詳細，所以就據《列子》所引的加以白話詮釋，為求全文的貫穿，也用白話加以翻譯。先秦子書中，素來學者對這一段文字幾最感棘手，筆者僅僅在一點科學常識的誘導下而寫成的，裡頭的錯誤，有賴大家指正。

一、正文

　　種有幾（一）：若蛙為鶉（二），得水為㡭（三），得水土之際，則為蛙蠙之衣（四）；生于陵屯（五），則為陵舄（六）。陵舄得鬱棲（七），則為烏足（八）。烏足之根為蠐螬（九），其葉為蝴蝶（十）。蝴蝶胥（十一）也，化而為蟲，生竈下，其狀若脫（十二），其名曰鴝掇（十三）。鴝掇千日，化而為鳥，其名曰乾餘骨（十四）。乾餘骨之沫為斯彌（十五）。斯彌為食醯頤輅（十六），食醯頤輅生乎食醯黃軦（十七），食醯黃軦生乎九猷（十八）。九猷生乎瞀芮（十九），瞀芮生乎腐蠸（二十）。羊肝（廿一）化為地皋（廿二），馬血之為轉鄰（廿三）也；人血之為野火（廿四）也。鷂（廿五）之為鸇（廿六），鸇之為布穀（廿七）；布穀久復為鷂也，鷂之為蛤（廿八）也。田鼠之為鶉（廿九）也。朽瓜之為魚（三十）也。老韭之為莧（卅一）也。老羭之為猨（卅二）也。魚卵之為蟲（卅三）。亶爰之獸自孕而生曰類（卅四）。河澤之鳥視而生曰鶂（卅五）。純雌其名大䳇（卅

六），純雄其名稺蜂（卅七）。思士不妻而感，思女不夫而孕
（卅六）。后稷生乎巨迹（卅九），伊尹生乎空桑（四十）。
厥昭（四一）生乎溼；醯雞（四二）生乎酒。羊奚比乎不筍，
久竹生青寧（四三），青寧生程（四四），程生馬，馬生人
（四五），人又入于機。萬物皆出于機，皆入于機。

二、白話

物種有極微小的物質，它長在水中，便是水舄；長在水土
之際的濕地，便是蝦蟆衣；而生在丘陵上的，便是陵舄。陵舄
在糞土中，則長出了烏足草。烏足草的根，化為蠐螬；烏足草
的葉，化為蝴蝶。蝴蝶很快的又化為一種蟲，牛在竈下，身體
裸出像蛻了皮一般，牠的名叫鴝掇，鴝掇活了一千日，又化為
鳥，牠的名字叫乾餘骨，乾餘骨的口沫，化為斯彌蟲，斯彌蟲
又化為吃醋的頤輅蟲，吃醋的頤輅蟲又是從吃醋的黃軦蟲生出
來的，吃醋的黃軦蟲是從九猷蟲生出來的，九猷蟲是從蚊蚋生
出來的，蚊蚋是從腐草的螢火蟲生出來的。羊肝化為地皋，馬
血變為燐火，人血化為野火。鷂變為鸇，鸇又變為布穀，布穀
活久了又變為鷂。燕子變為蛤蜊，田鼠變為鶉鳥，腐瓜變為
魚，老韭菜變為莧草，老牝羊變為長臂猿，魚卵變成蟲。亶爰
山的野獸沒有交配自身懷孕生育的叫類，河澤上的鳥相對看就
會生育的叫鶂。純雌無雄而能生育的，牠的名叫大腰；純雄無
雌而能生育的，牠的名叫稚蜂。男子不娶妻而與女子相思感
應，使女子無夫而感應生子。所以后稷是在他的母親受到巨人
足迹的感應後生出來的，伊尹是化為枯桑的母親所生出來的。

蜻蛉從濕地中出生，蠛蠓從酸酒中出生，羊奚蟲是從不生筍的老竹中所生的，不生筍的老竹又生青寧蟲，青寧蟲再生程，程生馬，馬生人；人腐化了，又化爲微小的物質，萬物都從這個最微小的物質產生出來的，最後也都要歸化成爲這種微小的物質。

三、詮釋

㈠種有幾

種爲物種，物雖指萬物，但就本章內容看，實指生物。幾，通機，即章末的「皆出于機皆入于機」的機，指生機、化機、演化。但就全章文意、文法看：「幾」應爲一物的名詞，是「種有幾」這有無句的止詞，又是「得水……」的起詞。（「若蛙爲鶉」爲衍文）馬敍倫《莊子義證》：「幾者，《說文》曰：『微也。從二幺。』『幺，小也。』……是幾者，謂種之極微而萬物所由生者也。」是幾爲極微小的物質。種有幾，是古人了不起的推理。不過究竟是指原生的單細胞生物，還是指元素、還是指原子，古人倒沒有這種知識。

㈡若蛙爲鶉

四字出《墨經說・上》，疑是別處注文的錯簡。劉文典《莊子補正》：「此文以幾、豑、衣爲韻，不當有此四字。」陶光列子校釋：「《莊子》無此一句。按文『種有幾，得水爲豑。』義正相啣，不當言它物以隔斷之。」

(三)薏

指水舄（又作蕮、潟），即《經傳》及《說文》的蕒，《爾雅》：「蕒，牛脣。」郝懿行《義疏》：「今驗馬舄（亦車前科）生水中者，葉如車前而大，拔之節節復生。」水舄是車前科（Plantaginaceae）的一種，葉自根而叢生，再生力強，拔去葉子只要留一些根就能再生長，所以叫薏，薏是繼的初文，與蕒、舄古音相通。。

(四)鼃蠙之衣

蝦蟆衣，車前的俗名。《爾雅》：「芸芸，馬舄；馬舄，車前。」郭璞注：「今車前草大葉長穗，好生道邊，江東呼為蝦蟆衣。」《莊子釋文》引司馬彪注：「楚人謂之蝦蟆之衣。」鼃，同蛙；鼃蠙，或為蛙的複詞。

(五)陵屯

丘陵地。

(六)陵舄

生於丘陵地的車前。按車前科有二百種，以上的薏、鼃蠙之衣、陵舄都是屬於車前科。

(七)鬱棲

糞土。

㈧鳥足

殷敬順《列子釋文》：「草名。」按不知是草是木。

㈨蠐螬

蠐螬是金龜子的幼蟲（Larva of Cockchafer Beetle），色白蜷曲似蠶而大，生活在泥土中，專吃植物的根（台灣鄉下叫雞母蟲，因為雞最喜歡吃）。古人沒有觀察到金龜子產卵在植物根部，成長為蠐螬，而誤以為根化為蠐螬。

㈩葉為蝴蝶

有兩種可能，使古人誤以為葉子化為蝴蝶：一是木（或枯）葉蝶停在枝上的擬態（Mimicry），一是蝴蝶的蛹，宛若褐色葉子，吊在枝上（或裹著枯葉），一旦羽化高飛，便是蝴蝶了。

（十一）胥

快。俞樾《莊子平議》：「『胥也』當屬下句讀之，本云『蝴蝶胥也化為蟲』，與下文『鴝掇千日為鳥』兩文相對。『千日為鳥』言其久也；『胥也化而為蟲』言其速也。」

（十二）脫

通「蛻」。

（十三）鴝掇

馬敍倫《莊子義證》：「鴝掇疑即竈馬。酉陽雜俎：竈馬狀如促織，稍大，腳長，好穴竈旁。」竈馬（Diestrammena apicalis），是屬於蟋蟀一類的直翅目昆蟲，無翅，身體裸出，所以狀若脫，夜間常集農家竈旁，當然不是蝴蝶所化。

（十四）乾餘骨

本文說是鳥，但就上下文意看，也可能是一種蛾，《夏小正傳》：「有翼者爲鳥。」沫可能是作繭的絲。

（十五）斯彌

或爲乾餘骨的蛹。高亨《莊子今箋》：「斯彌疑即强蜉，」《爾雅》……郭注：「今米穀中蠧小黑蟲。」待考。

（十六）食醯頤輅

由此到「……生乎九猷。」與《莊子》文不同，俞樾以爲應依《莊子》，王叔岷以爲當據《列子》以補《莊子》。茲據王說，則食醯是詞結，不是釋文所說的蠛蠓之名。醯，即醋，頤輅才是蠛蠓，就是果蠅（Fruitflies）。

（十七）黃軦

也是果蠅的一種。按這一節文字奪誤很多，斯彌化爲頤輅，而頤輅又是黃軦所生，於義欠妥。

（十八）九猷

高亨：「九猷疑即雎由。」雎由是一種蛾的繭。

（十九）瞀芮

朱駿聲《說文通訓定聲》：「瞀芮即蟊蜹，瞀蟊一聲之轉。」蟊，為蚊之本字；蟊蜹，為蚊的複詞。

（二十）腐蠸

疑是腐草所化的螢火蟲。《古今》注：「螢火……腐草為之，食蚊蜹。」《夏小正》：「「丹鳥羞白鳥。丹鳥者，謂丹良也；白鳥者，蚊蜹也。其謂之鳥何也？重其養者也，有翼者為鳥。」黃叔琳：「丹鳥，螢也。」螢火蟲的幼蟲生活於腐草叢中，古人誤以為腐草化螢，成蟲也捕食蚊蜹，古人或因螢與蚊雜生，而誤以為蚊為螢所化。

（廿一）「羊肝化為地皋」以下到「醯雞乎酒」

為今本《莊子·至樂篇》所無。

（廿二）地皋

或為霉菌，寄生在羊肝上。

（廿三）為轉鄰

胡懷琛《列子張注補正》：「鄰即今燐字，俗謂鬼火也。張湛於轉字無註，按轉字疑在為字上，『轉為燐』與上文『化為地

臯』對文。」

（廿四）野火

亦燐火。按動物身體（不只是血）含有磷，死後腐爛，磷接觸到空氣產生磷化氫（磷化三氫 PH_3），磷化氫在空中可以自燃，在晚上容易看到。

（廿五）鷂

猛禽，似鷹而小，背灰色腹白赤。

（廿六）鸇

鷂的一種，色黃。

（廿七）布穀

攀禽。即鳲鳩，聲呼如布穀。《本草》：「時珍曰：張華《禽經》注云：『仲春鷹化爲鳩，仲秋鳩復化爲鷹，故鳩之目，猶如鷹之目，列子鷂之爲鸇……』是矣。」按不同種目的動物不相交配，更不會相互變化，或許因食物所限，相互出現，以致誤爲如此。

（廿八）鷰之爲蛤

鷰，通燕，鳴禽，《孔子家語》：「冬則燕雀入海化爲蛤。」燕爲候鳥，秋冬南飛入海，此時淺海中的蛤蜊正好出現，可能因此而誤以燕化爲蛤。神化中雖多充滿「形變」，但這絕非先民虛無的幻想，而是對自然界事物的聯想。

（廿九）田鼠之爲鴾

田鼠，鼺鼠，與鴾鳥同寄生在田野。或是田鼠與鴾鳥也是互爲食物生態的平衡，春天，鴾鳥多了，田鼠無以爲生就離開；秋天，田鼠多，鴾鳥就他遷，以致誤以爲鼠鴾互變。《夏小正》：「三月田鼠化爲駕……八月，駕爲鼠。」駕，即鴾，是鴾的一種。

（三十）朽瓜之爲魚

不知何解。《本草》：「時珍曰：鴾……萬畢術曰：『蝦蟇得瓜化爲鴾。』《交州記》云：『南海有黃魚，九月變爲鴾。』」據此，瓜與魚是兩回事。

（卅一）老韭之爲莧

韭和莧（莞）都是單子葉植物，但韭是百合科，莧通莞（釋文即作莞）是莎草科，韭菜老了抽出花軸（韭花），與莞草的莖頂開花很相似，古人分類學不到家。

（卅二）老羭之爲猨

羭，母羊。猨，通猿。李時珍以爲即王濟曰詢記所說的：「猨初生毛黑而雄，老則變黃，潰去勢囊，轉雄爲雌，與黑者交而孕，數百歲又變白也。」按李氏相信生物可生異種之說（《本草》中隨時可見此說），是極大的錯誤。

（卅三）魚卵之爲蟲

或是魚卵爲水蟲所食。

（卅四）亶爰之獸自孕而生曰類

《山海經・南山經》：「亶爰之山多水無草本，不可以上，有獸焉其狀如貍而有髦，其名曰類，自爲牝牡，食者不妒。」類，又叫貆豬，即是豪豬。按脊椎動物沒有兩性同體，或單性生殖的。

（卅五）鶃

游禽，似雁。《莊子・天運》：「白鶃之相視，眸子不運而風化。」《白孔六帖》：「鶃鳥高飛，似雁，自相擊而孕，吐而生子，其色蒼白。」

（卅六）大腰

張湛說是龜鱉之類，但就上下兩句看，兩「其」字應該都是蜂，大腰，疑是大黃蜂（Giant Hornet）。

（卅七）稺蜂

螺蠃，細腰蜂（Crabronidae）。稺、稚、細，指細腰，與上句大腰對文。按雄蜂在秋天與母蜂飛行交配後即死去，母蜂便獵取鱗翅目（即蝶、蛾）的幼蟲，麻痺後放在蜂巢中，再產卵在上面，以供卵破爲幼蟲時食用。古人或許沒有看到雌雄蜂交配，或許以爲粗腰的黃蜂是雌的，細腰蜂是雄的，兩者既

各自成羣，互不交往，以致有「純雌」「純雄」的錯誤結論。

（卅八）思士思女二句

語又見《山海經・大荒東經》，郭璞注：「言其人直思感而氣通無配合而生子。」這是荒謬的想像，或是母系社會的傳說。

（卅九）后稷生乎巨迹

相傳有邰氏的女兒姜嫄（一作原）到了原野，踩了巨人的腳迹就懷孕而生了周民族的創業者棄，棄後來做堯的農官，所以叫后稷。事見《詩經》及《史記・周本紀》。

（四十）伊尹生乎空桑

相傳伊尹的母親居住在伊水邊上，懷孕時，夢見神女告訴她：「如見到地臼出水，就要東走不要回頭看。」第二天，臼出水，她東走卻回了頭，她住的鄉邑都被水淹沒，自己也變成一棵中空的枯桑。後來有莘氏女子採桑，從空桑中揀到一個嬰兒，便是後來輔助商湯的伊尹。事見《呂氏春秋・本味篇》。按本章引到后稷與伊尹是用以說明他們二人是無父而生的，目的在與「亶爰之獸自孕而生，河澤之鳥視而生」相比擬。這種神話是史前母系社會傳說和統治者所塑造「聖人」神格的思想交織而成的。

（四一）厥昭

釋文以為蜻蛉，待考。

（四二）醯雞

蠛蠓，即果蠅。

（四三）羊奚比乎不筍，久竹生青寧

「羊奚」以下至「入于機」又見於《莊子》，但文句略有不同，王叔岷據御覽改爲：「羊奚比乎不筍久竹，不筍久竹生青寧。」甚是，但「比乎」於義欠妥，依上文例似作「生乎」，莊列書都沒有「比乎」的句子。羊奚，司馬彪以爲草名，高亨說是蠰谿，即是壤雞、土雞，屬於螽斯類螽蟲，待考。不筍久竹，老竹開花就不生筍。青寧，司馬彪說是蟲名，果是蟲，或就是蜻蛉，但如羊奚和程都是植物，則青寧也可能是草。

（四四）程

釋文引尸子佚文：「程，中國謂之豹。」北宋大科學家沈括（《夢溪筆談》）也主此說。但青寧是蟲，則蟲生豹之說太離譜，何況以下的馬、人若都是植物，則豹之說，就毫無依據。成玄英《莊子疏》和林希逸都說是蟲名，按程字從禾，若羊奚、青寧是草，則程也可能是禾本科的植物。

（四五）程生馬、馬生人

程不論是蟲是草，生馬之說也距離太遠，馬生人的觀念，斷不爲人接受。林希逸：「馬，草名也，如今所謂馬齒莧、馬欄草；人，亦草名也，如今所謂人參也。」清吳其濬《植物名實圖考》：「馬者，馬莧之類（馬齒莧，台灣叫豬母菜）；人

者，人苨之類（苨之一種，不是之參）。」（卷三）吳氏的說法較通，但未必就合原意。

（《大陸雜誌》，59卷2期）

莊子語言符號之解析

一、《老子》的語言符號觀

要看《莊子》書中關於語言符號（Verbal symbol）的整個系統，須先看《老子》的符號觀。這大致可歸納爲兩點的宣示：

㈠《老子》開宗明義，即稱「道可道，非常道；名可名，非常名。」（一章）指可以說的「道」，不是永恆的「道」；可以說出的「名」，不是永恆的「名」。「道」不可說，「名」不可命，都說明語言符號的不可及性。道家以「道」爲本體，是超語言符號的，所以《老子》又說：「道隱無名。」（四十一章）是說「道」的語文概念，亦是不存在的。

㈡語言非本體，有不可靠的變動性。所以「聖人處無爲之事」又行「不言之教」（二章、四十三章），「知者不言，言者不知。」（五十六章）顯示語言並非「道」及其教育的媒體，語言根本不能全面的反映事物的本眞，因此，《老子》「小國寡民」理想的社會關係是「民不相往來」、「復結繩而用之。」（八十章）而不是語言符號。

二、概念與實體的分離性

《莊子》三十三篇，包含著道家不同的門派、時代之作品，對於語言符號的討論資料相當豐富，基本上是繼承《老子》而來。其中莊派、老派、黃老派尤多接近，激烈的無君派則牽涉到的資料較少。

這些門派的作者們，大抵對語言皆採取不信任的態度，內篇《齊物論》是莊派的著作，當中很重要的一個主旨便是齊言論的是非，並且還完全的取消語言的功能性《齊物論》：

> 夫言非吹也，言者有言，其所言者特未定也，果有言邪？其未嘗有言邪？其以為異于觳音，亦有辯乎？其無辯乎？道惡乎隱而有真偽？言惡乎隱而有是非？道惡乎往而不存，言惡乎存而不可？道隱于小成，言隱于榮華。故有儒、墨之是非，以是其所非而非其所是。欲是其所非而非其所是，則莫若以明。

認為語言與自然之風吹響萬竅不同，全是「言者」的自我表達，是毫無標準、沒有客觀的定位。可是「言者」都以為自己才是對，以為自己的語言異於沒有意義的小鳥破卵之初鳴聲①。殊不知這樣的語言才是多餘的，說與沒有說根本都一樣。如儒家、墨家兩造皆有自己的是非觀，皆以己是而彼非，以自己的是非來否定對方的是非。這樣子，也就連帶的否定了語言可以表白是非的功能性。

其中原因，是在於語言只是反映實體的概念，永遠不能與實體合一。《齊物論》：

> 天地與我並生，而萬物與我為一，既已為一矣，且得有言乎？既已謂之一矣，且得無言乎？「一」與「言」為二，「二」與「一」為三。自此以往，巧曆不能得，而況其凡乎？

「並生」「為一」這兩句本是實體的問題，但轉化為「語言」，而成為概念，就產生分裂。「一」的實體與概念的「一」衍生成為兩物「二」，而陳述這兩物「二」的新概念，與原來實體「一」的距離又要被推遠了一步，就是「二」與實體的「一」的並立而衍生為三，以此類推到四、五……到無窮，算學家都不能計算。這就是「言隱于榮華」的意思。

茲以數字排列如下：

$$1+1=2$$
$$2+1=3$$
$$3+1=4$$
$$4+1=6$$
$$\downarrow$$
$$8$$

三、認識主客體之不可知性

　　語言居然如此的不可信任，那麼作者面臨一個尷尬的問題，他既然認爲語言不能反映實體，又要用語言來表達此事，猶克里特島哲學家說：「凡是克里特人都是說謊者，」這就是《齊物論》自己說的「其名曰弔詭」（ paradox ），因此《齊物論》就用以下這樣的文字來交代：

　　　　「今且有言于此。」

　　　　「雖然，請嘗言之。」（又見《至樂》）

　　　　「且吾嘗試問乎汝。」

　　　　「予嘗爲女妄言之。」

都是不得不暫且說、姑且說、姑妄說的意思。尤其「道」的本體是超越語言符號的，唯有掉落到現象，才是語言符號的世界，但這不是一個眞實的世界。《齊物論》：「六合之外，聖人存而不論；六合之內，聖人論而不議。」六合之內，已是現象，其下的「春秋經世先王之志，聖人議而不辯。」以至於「衆人辯之以相示也。」都是語言的「榮華」現象，一如上文所引到的「自此以往，巧曆不能得，而況其凡乎？」
　　莊子要認識外在客體，只能由內心作精神上的觀照，就是

上文所舉的「莫若以明」的「明」，而不能也不必經由肉體官能如語言等媒介去認識。《齊物論》：

> 「孰知不言之辯，不道之道？若有能知，此之謂天府。注焉而不滿，酌焉而不竭，而不知其所由來，此之謂葆光。」

天府是就認識主體的無窮包含性而言，其內在的觀照亦是「明」，亦是葆光。而且認識方法，卻是極其神祕的，絕對不言、不道的，而流為非道德性的工夫論②。對認識的客體不能言，不能道，就是不可知，如何不可知亦不可知，連帶所認識的主體，亦因之消失，這就是：

> 「然則我與若與人，俱不能相知也。」

莊子確為一上古的不可知論者（agnosticist）。

四、概念的歧義是語言的開始

再看《莊子》外、雜篇的資料：

〈知北遊〉說知這個智者北遊，適遇無為謂，三問而無為謂不答，再問狂屈，狂屈說：「予知之，中欲言而忘其言。」最後三問黃帝，黃帝說：無為謂是「真是也，以其不知也。」說狂屈是「似之也，以其忘之也。」黃帝說自己與知兩人是「不近也，以其知之也。」

　　三個層次，最高是「無爲謂」。所謂無爲謂，即宣穎所說的「無爲無謂」，即是自然之道的擬人化，本身就是超語言，沒有語言概念。所以非不答，而是不知有語言。所以黃帝認爲是道的本眞。

　　其次是狂屈，是狂又屈並存的人，欲言而忘言，雖直觀了然於心，但又不能從語言反映出來，欲辯解而已忘言，黃帝稱他近似道。

　　最後是等而下之的智者與黃帝③，說兩人不能接近道，尤其是强不知以爲知，而且把它用語言說出來了。這三個層次說明語言既不適於言道，而且本身又是不可靠的。

　　〈則陽〉篇杜撰一個意思是廣大公正調和萬物的「大公調」其人，他答覆少知問：「季眞之莫爲，接子之或使，二家之議，孰正于其情，孰遍于其理？」說：

　　　　「可言可意，言而愈疏……無窮無止，言之無也。與
　　　物同理；『或使』『莫爲』，言之本也。與物終始。道之
　　　爲名，所假而行，或使莫爲，在物一曲，夫胡爲于大方？
　　　道物之極，言黙不足以載，非言非黙，議有所極。』」

本來可知在問「莫爲」的無爲，與「或使」的有爲，雖合情合理。然而大公調完全以兩者皆是現象的語言概念而否定了少知的問題。

　　此文說：如果可以言語，可以意測，則與本質距離越來越遠；沒有開頭，沒有終止的「無窮止」的狀態，語言便無所依附；而萬物亦無始無終，無所依附；而如果說出「有爲」「無

為」，那麼這就是語言的開始，而萬物亦隨之有始有終。道是本體，它是不能由語言符號來代替的，之所以用「道」，只是假借它而已的。而「有為」，背後即無為，「無為」背後即有為，這種兩歧之義，是構成語言的開始，也就是作者認為語言的形成，就是意味著概念的產生，同時兼有肯定與否定的對立屬性的概念，因此它是不能客觀的反映事物的本質。本質與萬物的最高的意義，並不需要讓語言與非語言來表達的，而是要超越語言或非語言，讓本質自我存在，這才是我們議論的價值所在。

五、認知過程

〈大宗師〉有一段很重要的文字，是從「道」再經本能的行為、語音，乃至於耳、目、口，以至文字的認識進程的綱領。

> 「聞諸副墨之子，副墨之子聞諸洛誦之孫，洛誦之孫聞之瞻明，瞻明聞之聶許，聶許聞之需役，需役聞之于謳，于謳聞之玄冥，玄冥聞之參寥，參寥聞之疑始。」

這段文字，有九個擬人化的專名，把文字置於最低下的一個層次，它必須依賴耳、目、口的器官才有文字的運用功能，而這三個器官，必須依賴本能，然後再上溯抽象虛無的大道。這是莊子的認知過程（cognitive process），素來未見有較深入的分析。我首先用現代語言列入圖表中，再把九個過程逆向依次說明：

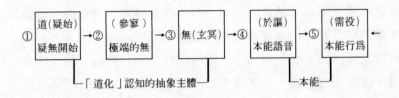

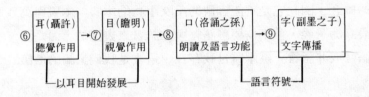

(一)疑始

疑始，疑無開始，似始而非始，即超越開始，超越所有源頭的源頭，是萬物的本質，其實就是道，是超現象的。用《齊物論》的造句法，是在「無也者」的上面，加無限次的「未始」。

(二)參寥

再三、極度寂寥。《老子·二十五》：「有物混成，先天地生，寂兮寥兮，獨立而不改……」寂，無聲；寥，無形，即是無的意思。以〈齊物論〉句法，是比「疑始」少一個「未始」的階段。而比「玄冥」多一個「未始」。

(三)玄冥

玄冥是深遠冥暗之狀，是虛無的樣子，就是無。郭象注：「玄冥者，所以名無而非無也。」即超越無的意思，即可。

〈秋水〉：「無東無西，始于玄冥，反于大通。」無東無西，就
是玄冥之所出，最後歸於大道。

　　以上三者，都是認知的抽象主體，其階段性的異名，其實
並沒意義。

四於謳

　　兩字本指徒歌以謳吟，其實是指還沒有利用耳、目、口去
接受社會教育、知識、價值之前的階段。心理學家皮亞傑
（Piaget Jean）以為認知有兩方面，一是本能，二是發展。
「於謳」是本能語音的開始，是不學而能的。莊子認為這個階
段是純真、而近乎大道，這個語音就是如上文引列的「㲉
音」，眾人的言論，不希望如㲉音。但莊子認為㲉音，是鳥破
殼而生的第一聲。《老子·二十章》：「我獨泊兮，其未兆，如
嬰兒之未孩（咳）。」寧靜淡漠，但又有生機欲露而未露之
兆；如嬰兒剛出生首次欲笑而尚未笑出之聲。「㲉音」「未
孩」皆為天地之大美。莊子稱許：超越語言論辯之言辯，如
〈齊物論〉：「大辯不言」，〈寓言〉：「言無言，終身言，未嘗
不言。」大辯與上一字的言，就是指尚未社會化的「於謳」這
個階段的自然語音。這個語音，尚未成為語言符號系統，包括
有聲，甚至無聲的副語言（paralanguage）。莊子的「於謳」
還包括自然的音響，包括風吹萬物的「吹萬」，即〈齊物論〉的
地籟。至於魏晉時代，如孫登、阮籍的長嘯，也是「於謳」
了。

㈤需役

需役，有待動作。指器官尚未社會化之前的本能行爲。《老子‧五十五章》：「含德之厚，比于赤子，……骨弱筋骨柔而握固，未知牝牡之合而峻作。」嬰兒還未發展前，已經手能握緊東西，生殖器（男）也能硬起來，一如成人動作，這就是含「德」的深厚。依皮亞傑的兒童認知階段，這是第一期的「感覺動作期」（Sensorimotor period）是出生到兩歲的渾渾噩噩的襁褓時代④。道家整個返璞歸眞的結構，尤其是《老子》包括本禮、認識、人生、政治諸領域皆有追求嬰兒期的傾向，容後專文再論。《莊子‧庚桑楚》：「兒子動不知所爲，行不知所之，身若槁木之枝，而心若心灰。若是者，禍亦不至，福亦不來。禍福無有，惡有人災也。」把嬰兒的感覺動作，與自然結合。並回歸至人、眞人，一樣的能超越禍福，擺脫災害。〈齊物論〉：「大仁不仁，大廉不嗛，大勇不忮。」大仁、大廉、大勇就是「需役」階段的行爲，超越了社會化的道德觀。

㈥聶許

㈦瞻明

聶許是耳，聽覺；瞻明是目，視覺。《老》《莊》皆以耳目是人遠離自然而社會化的罪媒。《老子‧十二章》：「五色令人目盲，五音令人耳聾。」《莊子‧徐無鬼》也說：「目之于明也殆，耳之于聰也殆。」本來以耳目開始接受外在的事物，是發

展的基礎，然而《莊子》以爲脫離自然之道，朝向社會化發展就是墮落的開始。

㈧洛誦之孫

指以口來誦讀的擬人化。這是語言符號的形成，也是父字賴以存在的要素。〈天道〉記齊桓公在堂上讀書，讀的是「聖人之言」。輪扁直稱爲是「古人之糟魄」。「洛誦之孫」就是指《莊子》全書的整個語言符號，這符號全是糟魄。

㈨副墨之子

副於墨的是文字，文字是比語言更等而下之具象之物。文字寫於書上。使「聖人之言」文字化，其距離實體更爲遙遠。〈天道〉:「世之所貴者書也，書不過語，語有貴也。語之所貴者意也，意有所隨，意之所隨者，不可以言傳也，而世因貴言傳書，世雖貴之，我猶不足貴也，爲其貴非貴也。故視而可見者，形與色也，聽而可聞者，名與聲也。悲天，世人以形色名聲不足以得彼之情！夫形色名聲果不足以得彼之情，則知者不言，言者不知，而世豈識之哉！」這非常明確的說明:書（文字）是不能傳意的；形色之物，不能傳達非形色之物，所以文字，豈止是「糟魄」而已。

總之，《莊子》的語言符號的思想，是借用語言符號來否定語言符號社會功能性，希望回歸非語言系統的自然語音，當然莊子並非主張啞巴，其目的在於要摧毀儒墨的語言符號系統和解構「聖人之言」的神話圖騰系統。這兩個部分，以後再行補述。

註　釋

①成玄英《莊子疏》：「鳥子欲出卵中而鳴，謂之鷇音也。」關於「鷇音」，《莊子》造此詞，自有本義，下文再解析。

②一如《人間世》的「心齋」，《大宗師》的「坐忘」。

③《莊子》後學認爲上古「至德之世」，到了黃帝開始了「强陵弱，衆暴寡」，進入「亂人」的時代。見《盜跖》。

④有關皮亞傑的說法，見朱智賢主編《心理學大詞典》，四六七頁～四六九頁。

（《1994年11月道家研究第五輯　香港》）

附　錄

老莊思想的現代意義

　　漢文化的歷史悠久，而古典漢文化對亞洲漢字文化圈仍有相當的影響，然而以華夏儒家爲主的漢文化思想與以民主自由的現代社會顯然格格不入。倒是出自東夷非主流的道家，反而具有較多的現代意義。先秦老莊的思想精神存在：自然精神、懷疑精神、柔弱精神和批判精神。在四項中，老子、莊子的主張並非等量齊觀：在柔弱方面老子思想較深刻，至於懷疑精神，則莊子思想較濃厚。

一、自然精神

　　中國歷代以來，鬼神觀念十分濃厚，孔子儒家也談到祭祀鬼神：「祭神如神在」，强調「死生有命，富貴在天」，認爲天是有神明作用、有意志的。道家則是中國擺脫鬼神，眞正走向人文精神的學派。它把過去認爲左右人的命運的上帝重新詮釋，認爲是所謂的「道」。儒家也講道，但範疇不一；道家以爲道是一種自然的規律，具有非常權威性的作用，萬物都要循此發展。自然的精神又可分爲三點：

㈠萬物本性自足──自我實現

即肯定自我的價值，萬物沒有高低、同異、階級之分，不否定任何價值，每個人、每個成分都是完整的個體。道，不僅在人身上，在萬物之上，甚至及於便溺。「天籟者，夫吹，吹萬不同，而使其自己也！咸其自取，怒者其誰邪？」（〈齊物論〉）在這裡莊子提到天籟、地籟和人籟，風吹萬物皆有所不同，但是萬物所產生的聲音完全由自己來決定，沒有受制於誰。也就是說，大地孔竅吹出來的聲音各樣不同，而天籟卻是每種聲音的源頭，是無聲的。自然本來就是沒有聲音，認為是什麼，就是什麼。故莊子肯定不同的價值現象，不以世俗的價值觀來衡量。「堯問於舜曰：『我欲伐宗、膾、胥敖、南面而不釋然。其故何也？』舜曰：『夫三子者，猶存乎蓬艾之間。若不釋然，何哉？昔者十日並出，萬物皆照，而況德之進乎日者乎！』」在儒法的觀念裡，天不可容二日，而道家卻可容數日，講求和平共存，互不干擾。小至個人，大到一個民族，都有自我肯定、自我實現的本能，故舜不以伐三國為然。每個價值都是一樣，具有自我內在的充實性，莊子又提到「宋人資章甫而適諸越，越人斷髮文身，無所用之」各民族都有自己的文化與價值，沒有所謂「文明」與「非文明」之分。然而現代社會，則發現有許多不合理的觀念。如山地原住民不能自我肯定，平地人也否定他們；但平地人見到外國人卻又喪失自信，這是文化歧視與文化衝突的現象。莊子認為應注重自我內在的肯定，肯定自我，也肯定他人，才是自然精神所在。每一個民族、族羣，都有自己的文化、語言、藝術、生活方式的價值，

不必以他人的價值為價值。

(二)不干預主義

　　不干預思想是莊子在自然主義中非常偉大的貢獻，具有現代的意義。什麼是自然？莊子稱自然謂之天：「牛馬四足是謂天；落馬首、穿牛鼻是謂人。」（〈秋水〉）落馬首、以韁繩制馭，干預自然，即是人工，牛馬生來並不是應為人類服務，而人類的種種控制便是違反自然。「馬蹄，可以踐霜雪，毛可以禦風寒，齕草飲水，翹足而陸，此馬之真性也。：：夫加之以衡扼，齊之以月題，而馬知介倪闉扼鷙曼詭銜竊轡。故馬之知而態至盜者，伯樂之罪也。」（〈馬蹄〉）由此可知，伯樂之識千里馬，其實是干預自然、破壞萬物的劊子手！在中國傳統封建社會裡，常要受許多階親疏的典章制度和禮教的束縛，以一定的模式在擴張，道家是完全反對的。羅素著《到自由之路》（Road to Freedom）便大量引用〈馬蹄〉的文字，今天世界工商企業，談自由化——也就是不干預的思想。譬如西方的古典經濟學派，如亞當斯密斯，也是一種自由經濟，主張任其自由發展，包括匯率、利率等，應該由社會供需方面來共同決定。所以今天人們也體認到，愈少干預愈好。我們做一個人、一個法人或經濟體，愈少受到干預是愈有意義的。若以政治思想來看，就更清楚了：何以魏晉南北朝。老莊思想會盛行？即是為了反對高壓，反對束縛。故在莊子思想中主張絕對自由，不受任何拘限，甚至可以形變——以精神超越軀殼的變化，魚可化為鳥而高飛，無礙於精神的一致與奔放。

(三)天地與我並生，萬物與我爲一（〈齊物論〉）
——生態保育

在傳統儒敎觀念裡，人是萬物之靈，居於萬物之上，可以制天。道家不然，以爲人應當學習如何順應自然、配合自然。莊子以爲人追求聰明才智，擾亂了社會；聖人創立許多制度來束縛羣衆，所以社會要動亂，「上誠好知而無道、則天下大亂矣。……上悖日月之明，下爍山川之精，中墮四時之施；惴耎之蟲、肖翹之物，莫不失性。甚矣！夫好知之亂天下也！」（〈胠篋〉）莊子並不知道今日汚染的情形，但其語言卻可應驗至二千年後的今天。「亂天之經，逆物之情，玄天弗成，解獸之羣，而鳥皆夜鳴，災及草木，禍及止蟲。」（〈在宥〉）此言爲政者違反自然律，倒行逆施，連自然界也受其禍，昆蟲走獸都瀕臨絕種的命運，故莊子可稱是東方最早提出生態保育的思想家。如今自然生態被破壞，莊子能言其道，不以爲人在自然中是較高一等。所謂「化腐朽爲神奇」，人死了，價值無異於糞土；故人無論何等階級，也無異犬馬。故莊子把人置諸自然來看；而過去哲學家以人視人，把萬物由人來定位，是一種錯誤的觀念。

二、懷疑精神

(一)反對絕對的知識與道德

在一般的觀念裡，以爲道德皆善，其實不然。道德的設立，多有其社會背景、甚至政治的作用——在莊子以爲，與爲

政者有利害的關係。尤其知識，更常爲執政者所用，變成一種壓迫與束縛人民的工具，所以成爲反智思想的根源。道家主張反智，因爲發明愈多，利欲愈多，就要掌握控制，人的本質的發展也就受到更多制約、束縛。在今日社會，資本主義商業化、物質化，許多人卻變成了機械一般，喪失自我，造成異化（Alienation）的現象，逐漸疏遠了自我。固然今日已進入民主時代，但此種物化現象是值得深思的。愈加追求物質文明，帶來的流弊亦相對增加。古代老莊反對知識，懷疑世俗的道德，認爲就是因爲人不道德，才刻意強調道德。老子說：「大道廢，有仁義，智慧出，有大僞。」聖知仁義都是社會罪惡的根源。莊子說：「道隱於小成，言隱於榮華。故有儒墨之是非，以是其所非而非其所是。欲是其所非而非其所是，則莫若以明。物無非彼，物無非是……彼亦一是非，此亦一是非……民溼寢則腰疾偏死，鰍然乎哉？木處則惴慄恂懼，猨猴然乎哉？三者孰知正處？民食芻豢，麋鹿食薦，蝍蛆甘帶，鴟鴉耆鼠，四者孰知正味？猨猵狙以爲雌，麋與鹿交，鰍與魚游。毛嬙麗姬，人之所美也；魚見之深入，鳥見之高飛，麋鹿見之決驟。四者孰知天下之正色哉？自我觀之，仁義之端，是非之塗，樊然殽亂，吾惡能知其辯？」（〈齊物〉）以此觀之，不能以人的眼光來看待萬物，這牽涉立場性的問題：萬物的是非本無定論，故莊子不肯定是非，對萬物有不可知的懷疑精神，但不免有神祕性的相對主義的缺點。然而今天的教育都是價值的灌輸觀，是非拘泥於社會主流的價值，對事物的分析，不論對個人、社會、在國家裡、在國際上，都是二分法的偏狹觀念。因此多元的社會現象中應該不要採取敵我的看法，以避免絕對

自我的肯定，或絕對他人的否定。

㈡反對權威與教條

　　既是沒有一定是非，故也沒有所謂的權威與教條「桓公讀書於堂上。輪扁斲輪於堂下，釋椎鑿而上，問桓公曰：「敢問，公之所讀者何言邪？」公曰：「聖人之言也。」曰：「聖人在乎？」公曰：「已死矣。」曰：「然則君之所讀者，古人之糟魄已夫！」」（〈天道〉）「老子（向孔子）曰：『夫六經，先王之陳迹也，豈其所以迹哉！今子所言、猶迹也。』」（〈天運〉）莊子不信任語言文字，不願做書本的奴隸，不相信儒家所標榜的先王、聖人。反對權威與教條，是世界上並無絕對的權威，統治者塑造成爲聖人、偉人，以及鞏固政權所造的一切禮儀制度、思想教條，正是老莊思想所抨擊的。儒家思想與教育最嚴重的弊病就是灌輸權威，學生被教條緊緊束縛住，台灣至今仍無法解脫，值得人深思反省。

三、柔弱精神

　　老子說：「反者，道之動；弱者，道之用。」（四十章）此說明了社會事物的發展不是從強方面走，是從反方向走，而這樣辭讓的關係是以柔弱爲其指導精神。人往往求強，而往往失敗，反成爲弱，所以寧可處弱，因爲弱的發展只會變成強，不會變成弱。此一觀念對黃老思想及法家思想影響頗大。在經營學中，不必先爭取強，而要先看到弱；不是追求愈多愈大愈好，應同時看到弱、虛的一面。這點在傳統儒家之中，是相當

缺乏的。老子受史官思想的影響，從自然生命現象的觀察中，悟得了柔弱的道理。如草木之生，都是柔弱的；枯槁，則是強硬的，如水，是最弱，也是最強；如嬰兒，是最弱，但也最富生命力。萬物生而軟弱，死而剛強，是一種的辨證過程；萬物從兩方面發展，而老子寧可處弱。推至今日，我們應瞭解到人生不是一味追求多、追求大的正面意義，在人生處世、經營中，要處少變小來面對世界，才是成功之道。人類守住柔弱就能謙卑寬大，就充滿生機；如堅持剛強，就會驕傲褊狹，陷入危境。

四、批判精神

㈠對強梁的批判

多數人以為老莊思想是不食人間煙火，其實不然。因先秦道家是在野的學派，其批判性至為嚴苛。因其主柔主弱，故以為蠻橫、侵略、鎮壓的行為，都沒有好報。老子說：「將欲取天下而為之，吾見其不得已。天下神器，不可為也。為者敗之，執者失之。」（二十九章）以各朝代的興衰來看，可印證老子的話：權力不是可以長久握持的。莊子雖無民主思想，但認定權力是禍害之源，此在政治哲學中影響相當大——在官場中如何明哲保身？就是不要去掌握到權力的核心，那是最危險的。所以，中國歷代的知識分子中，凡能瞭解老子思想的多半能夠全身而退。而老子更以為，誰掌握了權力，誰就將失敗。我們今天講求民主，就是要權力者趕緊把權力交給人民、讓大家分享，才是利人利己之道。此外，老子又強調，為政者不可

用兵強天下來壓制人民，否則，本身亦要遭受報應。「以道佐人主者，不以兵強天下，其事好還。」（三十章）「強梁者，不得其死。」（四十二章）歷史上所有的侵略者、征服者必定敗亡。老子雖然強調惡人沒有好下場；鎮壓人民的劊子手不得好死，但對於他人而言，自己要「以德報怨」，這是老子的名言，比孔子的「以直報怨」更爲寬容，在今天我們應有這種寬大的胸懷，不應去報復他人。

㈡對權勢者僞善的批判

　　老莊把統治者奪取政權、坐享富貴，視爲大盜，是世界上最先提出的思想，「服文綵，帶利劍，厭飲食，財貨有餘，是謂盜夸（竽）。」（〈老子·五十七章〉）。天下大盜，非盜人之小財而已，於今而言，如利用種種關係去貪污、承包、回扣、吸取國家資源者是之；於古代，則是利用最大的投資——造反，故天下最大的盜，就是帝王。莊子說：「盜亦有道乎？跖曰：『何適而無有道邪？夫妄意室中之藏，聖也；入先，勇也；出後，義也；知可否，知也；分均，仁也。五者不備而能成大盜者，天下未之有也。』」在此莊子升格諷刺爲政者奪取政權的行爲就是盜，無異於一般的大盜、小盜，是幾千年最偉大的政治思想家，對權勢、僞善的道德做最深刻的批判：「竊鈎者誅，竊國者爲諸侯，諸侯之門，仁義存焉。」（〈胠篋〉）由此可看出仁義道德本身即是政治利用的工具，盜國旣遂，則爲諸侯；未遂則抄家滅族。莊子此種批判是在野者對政治權力結構的批判，是傳統中所缺乏的。古代中國傳統政治思想中，官僚文人的批判多爲在體制內的批判，莊子則是來自體制結構

外的批判，但本身又絲毫無政治野心。在中國幾千年來的政治、文學、哲學上，皆缺乏批判的精神，因為儒家講求溫柔敦厚、與人為善，與莊子大異其趣。在當今社會，尤其缺乏政治批判，唯有社會大眾和媒體堅持這種批判精神，權力才不會腐化，社會的進步，才能得到保障。

結　語

以上大抵是說，在東方古代傳統政治思想或當今漢文化社會觀念裡，極缺乏了自然、懷疑、柔弱和批判精神。我們從老莊思想，應知道如何從自然中看自然；把人放在自然當中來看，而不是把自然放到人當中來看。另外，所有的社會發展中的規律、道德等種種行為，莊子以為是沒有絕對的，它往往是助長統治者合法性的工具。又如破除教條，反對威權，以開拓心靈的自由奔放。在柔弱方面，不必追求強大，要贏過別人、打倒別人；反而因能守柔、居弱，即是保存生命的活力，如水和嬰兒一般，永遠打不倒。在批判精神方面，想要團體、社會、國家進步，就要提倡多建言、並健全溝通管道，使結構更為完善。由上可知，不論從事工商或其他事務，人文的素養是不可或缺的。而諸位如何來安排自己、確立自己的價值和人生觀，是相當重要的一個命題。

（1991 年師大〈文風〉第 51 期）
（1991 年政治大學企管中心講演）

台灣・我・莊子・漢學

一、第一本《莊子》

台灣六十年代中葉，我讀高職時，已沈溺於毛澤東的古典詩詞的風雅與共產主義的美夢之漩渦中。我作詩填詞，習作古文，發現一個阮姓莊的古人，居然與孔子一樣可以稱「子」，而且好像文章美妙，思想不凡。一九五七年二月寒假，用六籤過年錢，在重慶南路書店，買了一本屬名「桐城葉玉麟」的《白話莊子讀本》，雖然有白話翻譯，翻了幾篇，實在難以看下去。只覺得莊子穿破裳、借糧食，與貧窮的我家好像都是無產階級，這一年我正滿十八歲。

後來半工半讀，進了大學，開始讀老子、莊子，曾選過張起鈞先生的課，他所著的《老子哲學》自稱「足以與天下篇，六家要旨鼎足而三」，當時我尚不知這兩篇文章在學術史上的地位，張老師常說：「我讀老子，從不看王弼的注！」，我很訝異，只覺得老師很狂，後來才知為學應不做注腳的奴隸。在大學時代，我發表約十萬字的論文、詩文。其中有兩篇老莊的論文：一是〈莊子內篇思想體系之研究〉，一是〈史記老莊與申韓合傳之探源〉兩萬多字分別印在第二、三期國文系刊《文風》。

我以爲莊子內篇的思想是精神自由與物質平等，很符合左派的思想。

二、研究所

考研究所這是我跨入學術的唯一門徑，在那個人情干擾考試的年代，考試還有許多竅門。我選擇專書考「老子」，我早把五千言背得爛熟，幾乎看遍可以找到的專書。

一年的步兵排長退伍復學，這時台灣天空充滿肅殺之氣，繼逮捕彭明敏教授之後，又收押了柏楊先生，文化學界出現了新的課題，繼沙特拒領諾貝爾獎後，存在主義由歐美、日本進入台灣，日本漢學者福永光司以爲莊子是存在主義者，而引起我的注意。

之後，我決定寫莊子爲碩士論文，所長林景伊先生在課堂上逐一詢問論文題目，用以分配指導教授。「寫什麼？」「寫莊子。」「我來指導。」經過一年多，我將約十萬字用文言寫成的《莊子學述》手稿送上，林老師翻幾下：「可以拿去打字裝訂！」

我是想全面的重新梳理莊子全書，從人物、著作、思想、文學，地氈式的從文獻、考據、思想分析去了解莊書，塡補若干前人未做的工作。我對存在主義，實在不懂，卻膽敢反駁福永光司的說法。全文與其說是論文，不如說是大題小做的專書。當時我自己摸索，全然不知缺點與遺漏，對莊學的所謂研究，是極其膚淺的。如果有點收穫的話，那就是比較全面性的奠定初步認識莊書的基礎。

三、新馬克思主義

一九八二年秋，我開始教莊子，這是接巴壺天先生三年級的一門課。我除了講述莊子其人其書的概說外，須分類的從全書中摘取有代表性的篇章來解讀討論，並兼顧思想性與現代性的兩重意義。其中從素來被看低價值的〈外雜篇〉找出更多的具有兩重意義的文字。這時「美麗島」大審剛過，前仆後繼的黨外雜誌已蔚成言論的風潮，吹拂台灣的校園，當時只期待自由，反對壓迫而已，這不正是莊子思想的主軸嗎？高牆禁錮的中（國）語（文）系，特別是師大，莊子這門課也得以沾到外面飄進來的自由的氣體，播散校園。國民黨利用儒教、孔子結合三民主義教條，來麻醉人民。這不正是莊子所批判的「聖智之法」嗎？蔣介石總統君臨台灣，以中華文化道統與民族救星自居，不正是以「仁義」為號召的「竊國者」，豈不是莊子所說的「大盜」？然而這只是隱喻而不能明說。

存在主義之後，其他新馬克思主義的書籍，陸續在台灣印刷風行。沙特實在是新馬登陸台灣的先鋒。我只能搜購譯作閱讀，尤其是法蘭克福學派反對教條主義，批判馬克思主義反對俄共等等的許多批判理論，雖然了解有限，但使我受到相當大的震撼。馬庫色還支持激進的學生運動，以反對帝國主義與法西斯主義。然而在空氣幾乎更窒息的台灣，所有高中大學生從不知有所謂「學生運動」。我只有在我指導的師大「人文學社」，鼓勵學生組成新馬的「讀書會」，這是師大校園認識新馬克思主義之始。然而反抗的行動理論，在《莊子》書〈胠篋〉

〈盜跖〉篇中找到訊息。

四、漢字文化圈

九十年代解嚴之後，我已無顧慮的發表我想要寫的《莊子》論文，包括闡揚自由，批判威權，以及自然生態，動物權的論述。這就是《莊子史論》集結成編的由來。

回溯戰後台灣坎坷的民主進程中，長期被壓迫的台灣人由「反國民黨」，轉而「反中國」，這主要乃是中華人民共和國霸權的不斷擴張使然，「反中國」不僅是台灣，甚至是亞洲周邊國家的共同感受。「中國」顧名思義，就是天下的中心是唯一文明的地區，中國統治者的「天子」，本來就是要號令天下，主宰天下的。其背後所恃的政治思想，主要是由先秦原儒、漢後佛教，再經歷代王朝，逐漸建構一套：世界中心觀、中央集權、大一統、儒教文化優越感、華夏民族主義之主流的封建王朝的霸權文化，並成為今日中國政治思想的深層結構。一百多年來晚清至民國受到外力的侵略與侮辱。今日中國政府以雪恥的心態，乃利用民族主義，向外擴張，以強調所謂國家統一、強大，並用以消除、轉移內部人民要求民主、自由的呼喚。

今日，越來越多的台灣人鄙夷「中國」、「中國人」。凡是凶暴、殘酷、狡詐、好鬥、貪婪的腐化、徇私結黨，以至於不守法、不衛生，全稱之為「中國文化」嘛，的確，這是台灣人民戰後身受中國國民黨的封建官僚的統治文化之諸相，以及面對如國際媒體稱為如黑手黨的中國北京領袖的嘴臉的綜合印

象。

　然而我們必須了解上述的「中國文化」是屬於封建思想的統治者的政治文化，並非東亞漢字漢語（有多系）文化的全部，二千多年來、漢字文化，包括習俗、倫理、藝術，以及儒教、道教、漢化的的佛教與其價值觀，不論其正負的影響，早已散播到東亞各國，與各國各地母文化結合而形成不同形式的多元漢字文化圈，閩客移民爲主的台灣，自是其中的一系。而以台灣爲主體的文化，雖然是多元的，但不可否認漢字漢語文化是最重要的成分；問題不是如何逃避，而是如何改造，如何現代化。理性是探討、解決問題的基礎。

五、「中國之民」

　「中國」一詞，原是華夏民族征服者自以爲所居是天下中心的地區，與現代國家意義不同，東周時東方的東夷族與長江流域的百越荆楚民族，都不是中國，被征服的東夷民族的道家，以柔弱無爲、來反對華夏民族標榜的仁義禮敎的統治思想，因此我姑且說老子莊子也是反中國的。莊子書有一則故事。

　有一個楚人，叫溫伯雪子，他當然不是中國人，他到北方去，經過華夏人統治而講求仁義禮敎的魯國，有一個有才德的君子求見，他拒絕了，說：

　「不可。我聽說『中國之君子』，只知道講禮義，卻不知人的本心。我不想接見他。」

　後來他回程又經過魯國，這個人又要求見他。溫伯雪子以

爲這個君子一再求見，一定有什麼本領，終於接見了。之後，
他出來後，歎息著，依然說：

「中國的人民（原文：「中國之民」），只知道講禮義，
而卻不知人的本心。」

這一段文字，出自〈田子方篇〉，很明確的對華夏中國人徒
然嘴巴講禮義，不知人心的批判。當然與其說「反中國」，不
如說反儒、反智、反大一統，從先秦老莊到漢初淮南鴻烈，都
有如此的傾向，而曾吸收道家養分的道教，亦不同程度的反映
了先秦道家的若干思維立場。

六、「獨」、「獨立」

道家老莊的原典文本，是闡揚自然規律的「道」，道的本
質，老子說：

「獨立而不改，周行而不殆」

莊子更是強調個體自足的本性，自由的主體，反對一切任
何形式的政治干預與控制。在台灣大地上已被「毒」化、汙名
化的「獨」字，正是老、莊很重要的關鍵命題。

〈莊子・大宗師〉：「朝徹而後能見獨」。

〈應帝王〉說：「雕琢復朴，塊然獨以其形立。」

〈天地〉：「進其獨志。」

〈田子方〉：「形體掘若槁木，遺物離人而立於獨
也。」

因此徐復觀先生說：「莊子一書，最重視『獨』的觀念。
獨，是無對待的絕對自由的精神境界。」（〈中國人性論
史〉），「獨」就是絕對自由，無所依恃的主體，是一個偉
大，崇高的文字符號。「獨立」更是獨而立的實踐工夫之完
成。漢字若沒有「獨立」這兩個字，漢字文化將因之傾塌；人
類若沒有「獨立」涵義與概念，人類文化將因之消失。

至於政治的終極關懷，老子主張：

「小國寡民：：鄰國相望，雞犬之聲相聞，民至老死
不相往來。」

這絕對是反對「廣土眾民」式的「一天下」或「大一
統」，而莊子的「至德之世」「建德之國」，更是表達反對任
何政府的組織，而回歸沒有政府自由放任與鳥獸同居的原始狀
況。莊子書雖非一人一時之作，其整體思想與官方儒教主流霸
權文化是迥然不同的。

七、多元性的再造

行將進入二十一世紀資訊地球村的時代，呈現眼前的新秩

序與新價值是：自由人權、生物多樣性、自然保育，以及政治多國經濟整合的新世界。而同時國家的威權將要瓦解，國家的暴力將要衰微。人類進步的大潮流將不允許還用武力去併吞他國，完成所謂統一大業的一股逆流的存在。老子說：「強梁者不得其死」司馬法說：「國雖大，好戰必亡。」早就是二千年前歷史的教訓。如今猶不識時務的以武力恫嚇，與世界人權為敵，實在是全球的大笑話。

可悲的是一些依附於統治者的文人、學者，成為政治鬥爭、助桀為虐的工具與幫凶。從「批林批孔」到「打爛南台灣」好鬥好戰，至為可歎。而且也有研究老莊的學者，竟亦隨之起舞，與老莊唱反調。

我從青年時代，一個毛派的大中國主義者，研讀莊子，喜愛莊子，基本上就是莊子所言的「其名為弔詭」。在台灣人爭自由爭民主的苦難日子中，我不能無睹，不能無感於土地的悸動、生命的吶喊。漸漸的而了然一悟，了結大中國圖騰的虛妄，尋回了自我的「性命之情」。我必須重新嘗試以性命，以人本，而非以國家、信仰來從事漢學的研究與思考，包括這本只有姓氏符號與我巧合的《莊子》之另類論述。

台灣現代的漢學，從日本時代迄今已有百年，基本上是外來殖民統治的教化、儒化的延申而已。特別是戰後的五十年利用強勢的北京話及其文化，使台灣人民深化權威的臣服，內化中國的信仰。漢學、孔儒繼續成為威權政府的官學與精神。千禧年越過新的分水嶺，漢文化與漢學做為世界性的文化與學術，它不是台灣的使命與責任，台灣主體文化所包涵的漢文化與漢學，必須拋棄舊有的單一的傳承與詮釋，重新作多元性的

整合與再造。先秦道家的《莊子》，非華夏中國亦非儒家，依然是古典漢字文化的瑰寶，但我寧可視爲人類文獻的精品，我們還給他的本眞，他送給我們的視野。

國家圖書館出版品預行編目資料

莊子史論／莊萬壽著. --初版. --臺北市：

萬卷樓, 民 89

面；　公分

ISBN 957-739-295-4(平裝)

1.莊子-評論

121.337　　　　　　　　　　89010536

莊子史論
莊學之新方向：源流・生態・批判・語言

著　　　者：莊萬壽
發　行　人：許錟輝
責 任 編 輯：李冀燕
出　版　者：萬卷樓圖書有限公司
　　　　　　台北市羅斯福路二段 41 號 6 樓之 3
　　　　　　電話(02)23216565・23952992
　　　　　　FAX(02)23944113
　　　　　　劃撥帳號 15624015
出版登記證：新聞局局版臺業字第 5655 號
網 站 網 址：http://www.wanjuan.com.tw/
E　-mail：wanjuan@tpts5.seed.net.tw
經 銷 代 理：紅螞蟻圖書有限公司
　　　　　　台北市內湖區文德路 210 巷 30 弄 25 號
　　　　　　電話(02)27999490
　　　　　　FAX(02)27995284
承 印 廠 商：晟齊實業有限公司
電 腦 排 版：浩瀚電腦排版股份有限公司
定　　　價：200 元
出 版 日 期：民國 89 年 8 月初版

(如有缺頁或破損，請寄回本社更換，謝謝)

◎版權所有　翻印必究◎

ISBN 957-739-295-4